C.H.BECK WISSEN

Die Vandalen haben eine ziemlich schlechte Presse. Nicht unbedingt zu Recht, wie der renommierte Althistoriker Konrad Vössing zeigt. Seine kompakte Darstellung widmet sich der kurzen Geschichte dieses germanischen Verbands, die weniger vom heute sprichwörtlichen Vandalismus zeugt, sondern vielmehr eine der erstaunlichsten Episoden der spätantiken Völkerwanderungszeit bildet. Nach Überlegungen zur Ethnogenese (zur ‹Volkwerdung›) dieses Barbarenstammes erzählt der Autor – souverän im Umgang mit den spärlichen Quellen – vom rasanten Aufstieg und Fall der Vandalen. Er folgt ihnen von Mittel- nach Südeuropa und bis in die nordafrikanische Kornkammer des Römischen Reiches. Es wird klar, wieso sich die Vandalen dort im fünften Jahrhundert dauerhaft etablieren konnten und sogar zu einer tödlichen Gefahr für Rom und das gesamte weströmische Imperium wurden – bis sie nur ein Jahrhundert später aus der Geschichte verschwanden.

Konrad Vössing lehrt als Professor für Alte Geschichte an der Rheinischen Friedrich-Wilhelms-Universität Bonn. Er ist durch einschlägige Publikationen zum römischen Nordafrika und zur Geschichte der Vandalen bestens ausgewiesen.

Konrad Vössing

DIE VANDALEN

Verlag C.H.Beck

Mit 3 Abbildungen, 6 Karten
und einer Stammtafel

Originalausgabe

Satz: C.H.Beck.Media.Solutions, Nördlingen
Druck und Bindung: Druckerei C.H.Beck, Nördlingen
Umschlaggestaltung: Uwe Göbel, München
Umschlagabbildung: Vandalischer Reiter, Karthago,
spätrömisches Mosaik; © bpk | The Trustees of the British Museum
Printed in Germany
ISBN 978 3 406 71881 6

www.chbeck.de

Inhalt

I. Warum die Vandalen und wie?

Wer sich mit den antiken Vandalen beschäftigt, wird einiges finden, was ihn überrascht, interessiert oder gar fesselt: eine gewaltige Wanderung von Mitteleuropa bis nach Nordafrika, mit Alten und Jungen, Frauen und Männern, quer über alle Grenzen hinweg, die Flüsse, Berge und Meere setzen können, attackiert von großen Heeren germanischer Rivalen und römischer Verteidiger, ein Zug, der am Ende zu einem kaum für möglich gehaltenen Erfolg führte – zu einem eigenen und weitgehend unabhängigen Königreich in der Kornkammer des Römischen Reiches, im Garten Eden geradezu, wo man sich immer wieder erfolgreich verteidigen und dauerhaft installieren konnte. Zwar ging das Königreich nach 100 Jahren geradezu blitzartig unter und verschwand für immer aus der realen Geschichte, nicht jedoch aus dem Reich der Ideen und Mythen. Es gibt sie sogar noch heute, die Vandalen, wenn auch nur als Zerrbild und Schimpfwort. Manche von diesen Zügen verlieren bei näherem Zusehen das Spektakuläre, sie passen in ihre Zeit (das 5. und 6. Jahrhundert n. Chr.), sie lassen sich auch bei anderen germanischen Gentes beobachten und aus allgemeinen historischen Entwicklungen erklären. Anderes bleibt spezifisch, ja einzigartig, jedenfalls soweit wir es beurteilen können.

Diese letzte Einschränkung wird die Leser begleiten, wohl intensiver als ihnen (und dem Autor) lieb ist. Denn so vielschichtig die Geschichte der Vandalen auch ist, unsere Kenntnisse davon sind eng begrenzt. Drei Mankos sind es vor allem, die unser Wissen limitieren: Nur für wenige Segmente der Vandalengeschichte sind uns erzählende Quellen überliefert, die also nicht nur Ereignisse, sondern auch einen historischen Kontext und einen Sinnzusammenhang liefern, wie kritisch er dann auch zu betrachten sein mag. Von wenigen Ausnahmen abgesehen fehlt uns außerdem in den Quellen die Perspektive der Vandalen selbst, meist wird also von Fremden über sie berichtet. Archäologische Funde, die die schriftliche Überlieferung bestätigen oder dementieren bzw. eine eigene und unabhängige Sprache sprechen könnten, sind ebenfalls Mangelware. Oft genug werden wir uns also mit Schlussfolgerungen und Plausibilitäten begnügen müssen, zuweilen auch mit kaum entscheidbaren Alternativen oder gar einem schlichten Ignoramus.

Dennoch bleibt genügend Wissen und Wissenswertes übrig, um daraus eine kleine Geschichte der Vandalen zu formen, und der vorliegende Versuch steht somit, wie das Literaturverzeichnis zeigt, in einer im 19. Jahrhundert begonnenen Reihe größerer und kleinerer Werke, die dem Schicksal dieses spätantiken ‹Volkes› gewidmet sind. Sie sind natürlich – wie auch das vorliegende Buch – Kinder ihrer Zeit und geistigen Umgebung, sie reagieren auf vorherrschende Perspektiven, zustimmend oder ablehnend; anders kann es gar nicht sein. Im 19. Jahrhundert, als man in Deutschland glaubte, in den antiken Germanen die eigenen Vorfahren zu erkennen, oder sie in Frankreich für die Verkörperung der schon immer von rechts des Rheins drohenden Gefahr für die Zivilisation hielt, ergaben sich ganz andere Koordinaten als heute, wo Fragen nach der ‹Abstammung› der Germanenstämme oder ihrer ‹Urheimat› kaum mehr das Potential haben, uns in Aufregung zu versetzen (die allfälligen Diskussionen über Isotopenanalysen bei der Untersuchung von Gräberfeldern der Völkerwanderungszeit bleiben fachintern).

Das heißt allerdings nicht, dass der historischen Forschung die strittigen Themen ausgegangen sind. Ausgespart bleiben soll hier der (unentscheidbare) Streit zwischen ‹Transformisten› und ‹Finalisten›, also zwischen der Interpretation des 5./6. Jahrhunderts als Epoche der Transformation oder als Untergangszeit für das Imperium Romanum. Relevanter ist die Frage nach der Brauchbarkeit des Begriffs «Völkerwanderung». Denn natürlich kann die Geschichte der Vandalen nur im Kontext des spätantiken Römischen Reiches erzählt werden, und zwar in einer Phase, die im deutschen Sprachraum eben als Zeit der Völkerwanderung bekannt ist. In romanischer und angelsächsischer Diktion ist dagegen von der Zeit der «Einfälle der Barbaren» die Rede. Dies spiegelt entgegengesetzte oder zumindest komplementäre Perspektiven, die auf unterschiedlichen Identitätskonstruktionen der frühen Neuzeit beruhen: Man sah in den gentilen Akteuren dieser Zeit die eigenen Vorfahren (und gestand ihnen das Recht auf ‹Freizügigkeit› und Staatenbildung in der damaligen Welt zu) oder sympathisierte mit den Verteidigern des Römischen Reiches und glaubte, dessen Perspektive übernehmen zu können. Beide Seiten stimmten immerhin darin überein, dass diese Epoche durch große gentile ‹Migrationen› wesentlich geprägt wurde. Können wir heute bei dieser Einschätzung bleiben? Für den Osten des Reiches sicher nicht, für den Westen schon eher, auch wenn natürlich nicht permanent ‹gewandert› wurde und auch wenn – hier droht das größere Missverständnis – die wandernden «Völker» nicht unabhängig vom Römischen Reich verstanden werden dürfen, sondern seit langem Teil davon waren, transformierter und transformierender Teil, wenngleich sie nie im Zentrum gestanden hatten. Dies änderte sich jetzt zunehmend.

Das Problem liegt eher bei den Akteuren. Wer also waren die in Frage stehenden «Völker», zu denen die Vandalen ja zweifellos gehörten? Natürlich müssen wir die romantische Vorstellung von gewissermaßen überzeitlichen Völkern, die entsprechend ihrem angeborenen Charakter lebten und handelten, verabschieden; modernen Versuchen, diesen Begriff für die Spätantike zu schärfen, entzieht er sich durch seine Vieldeutigkeit, weshalb er im Folgenden vermieden wird. Auch «Stamm» oder «Ethnie» sind keine bessere Lösung, weil die dafür gebräuchlichen ethnologischen Kriterien auf die Welt der Spätantike – vor allem mangels dafür notwendiger Informationen – nicht anwendbar sind. Stattdessen soll auf den Quellenbegriff *gens* (und das entsprechende Adjektiv ‹gentil›) zurückgegriffen werden, der zwar auch ein weites Bedeutungsspektrum und antike Konkurrenten hat, uns jedoch, anders als etwa *natio*, hinreichend fremd ist, um einen spezifischen Inhalt aufnehmen zu können: Die Gentes, von denen hier die Rede sein soll, waren für antike Verhältnisse groß (höhere fünfstellige Zahlen sind keine Seltenheit, Frauen und Kinder inklusive), unter einer Elite und einem Anführer sozial gegliedert, militärisch einsetzbar, sie hatten eine Geschichte (wie konstruiert sie auch sein mochte), entwickelten jeweils eine Identität und zielten auf eine gemeinschaftliche Zukunft ab. Dennoch handelte es sich nicht um fixierte Entitäten, sondern um flexible Verbände. Wie sie sich bildeten, erweiterten und dabei meist doch stabil blieben, wird uns in Bezug auf die Vandalen noch beschäftigen.

Und schließlich: Die Gentes waren «barbarisch», was natürlich erneut missverständlich ist, hier aber nicht abwertend, sondern (wie auch in manchen spätantiken Quellen) nur beschreibend gemeint ist. Sie stammten nicht aus dem griechisch-römischen Kulturraum, sondern von jenseits der Peripherie, konkret der Nordgrenzen, und sie wollten diese auf die eine oder andere Art überwinden. Diese Dynamik war es, die zu einer Epoche der mit Migrationen und Konflikten einhergehenden Transformation und des teilweisen Untergangs der antiken Welt führte, die «Zeit der Völkerwanderungen» zu nennen am Ende nicht nur praktischer und prägnanter, sondern vielleicht sogar – gerade wegen der damit verbundenen schwierigen Assoziationen – anregender sein könnte.

2. Die Vandalen in Mitteleuropa

Räume und Spielräume. Die vorgeschichtliche Herkunft der Vandalen liegt im Dunkeln. Historisch (im Sinn der Überlieferung) werden sie erst im Kontakt mit dem Imperium Romanum. Spätestens seit der Mitte des 1. Jahrhunderts n. Chr. kannten die Römer *Vandali* oder *Wandali*. Das Siedlungsgebiet der mit diesem Völkernamen bezeichneten Barbaren lag damals sicherlich in Mitteleuropa und außerhalb des Römischen Reiches. Eine genaue Lokalisierung ist jedoch schwierig. Für den Historiker Cassius Dio, der im frühen 3. Jahrhundert schrieb, entsprang die Elbe in den «vandalischen Bergen» (55,1,3), womit also entweder die Sudeten insgesamt oder das Riesengebirge gemeint ist. Aber antike geographische Definitionen sind oft wenig präzise. Derselbe Autor berichtet für 171/172 n. Chr. vom Auftauchen eines vandalischen Teilstammes, der «Hasdingen», an der Nordgrenze der Provinz Dakien, im heutigen Siebenbürgen. Sicher ist jedenfalls, dass die Vandalen auch in den folgenden Jahrhunderten immer im Raum nördlich der mittleren Donau anzutreffen waren (Karte 2).

Die Hasdingen kamen nicht in feindlicher Absicht, sondern um wegen der Bedrohung durch andere Stämme Aufnahme ins Römische Reich für sich und ihre Familien zu erbitten, die ihnen allerdings nicht gewährt wurde (Dio 71,12). Immerhin wurde ein Abkommen geschlossen: Die Vandalen verpflichteten sich zur Waffenhilfe und durften als neue Verbündete Roms auf einen gewissen Schutz hoffen.

Um die Mitte des 3. Jahrhunderts – im Reich wechselten sich sogenannte Soldatenkaiser in schneller Folge ab, eine Instabilität, die nördlich der Grenzen nicht verborgen blieb – gehörten die Vandalen zu den Völkern, die versuchten, gewaltsam über die Donaugrenze nach Süden zu kommen. Unter Kaiser Aurelian (270–275) wurden sie indes besiegt, mussten zweitausend Rei-

Karte 2: Geographie nördlich der Donau

ter für das römische Heer stellen, und die Vornehmen des Stammes, darunter die beiden «Könige», wurden gezwungen, den Römern ihre Kinder als Geiseln zu übergeben (Dexipp, Fragment 30).

Namen und Traditionen. Wenn in diesen und anderen vereinzelten Nachrichten von Vandalen die Rede ist, wissen wir meistens nicht, ob deren Gesamtheit oder ein Teilstamm gemeint ist. Immerhin ist bei Cassius Dio von den Hasdingen die Rede, was heute mit ‹Langhaarträger› übersetzt wird, ein Begriff, der besser auf ein vandalisches Adelsgeschlecht passt als auf einen ganzen Stamm. Zu Beginn des 5. Jahrhunderts trug eine vandalische Königsdynastie diesen Namen. War dies auch schon im 2. Jahrhundert der Fall? Die Existenz eines Doppelkönigtums bei den Vandalen zur Zeit Kaiser Aurelians spricht jedenfalls dagegen, dass es damals nur eine einzige Königsfamilie gegeben hat.

Unabhängig von dieser wenig profitablen Quellenlage müssen wir schon in dieser Zeit mit der Weitergabe von Traditionen rechnen (auch wenn wir ihre Medien nicht kennen), nicht nur von Namen und Geschlechterfolgen, sondern auch von kultisch-sakralen Überlieferungen und von – wie auch immer verformten – historischen Ereignissen, wobei die Vandalen im 3. und 4. Jahrhundert wenig Kriegsglück hatten. Für die Zeit Kaiser Maximians (286–305) überliefern römische Beobachter eine spektakuläre vandalische Niederlage, wohl am Pruth, gegen gotische Rivalen. Auch unter Kaiser Konstantin (306–337) scheinen die Vandalen sich vor allem in der Defensive befunden und sich nur mit Mühe in ihrem Kerngebiet, das damals wahrscheinlich an der oberen Theiß lag, gegen gotische Gruppen verteidigt zu haben, die ihnen in Kampfesweise, Bewaffnung und wohl auch generell in kultureller Hinsicht sehr ähnlich waren.

Dies sind spärliche Informationen, aber wenn man sie etwas ordnet und im Licht der späteren, besser bekannten Entwicklung betrachtet, sind sie nicht unergiebig. Immerhin erfahren wir, dass der Stammesname ‹Vandalen› ein erhebliches Alter hatte (auch wenn wir nicht wissen, wie er sich zu Ober- und Unterstämmen verhielt); wir treffen schon früh auf adlige Traditionen und «königliche» Anführer; wir beobachten die scharfe Konkurrenz zwischen benachbarten Stämmen, und zwar trotz kultureller Gemeinsamkeiten, was für dauerhafte Kriterien der Distinktion spricht; wir können von den Migrationsbewegungen, zu denen sie gezwungen waren, auf ihre prekäre wirtschaftliche Grundlage schließen, eine Not, die sie offensichtlich mit ihren Nachbarn teilten. Das Römische Reich hatte hier immer einen Ansatzpunkt, wenn es darum ging, Hilfstruppen zu finden oder den einen Stamm gegen den anderen auszuspielen.

Zwei scheinbar einfache Fragen lassen sich dagegen kaum

mit Genauigkeit beantworten: Welches war ihr ursprüngliches Siedlungsgebiet in Mitteleuropa, und von wo aus brachen sie schließlich nach Westen auf, wodurch sie dann erstmals zu einem Problem für die Römer (und für uns zu einem historischen Thema) wurden? Diese Fragen sind nicht nur wegen fehlender Quellen schwierig, sondern auch, weil sie eine eindeutige Bestimmung dessen voraussetzen, wonach wir eigentlich suchen, wenn wir «die Vandalen» sagen. Die widersprüchlichen Aussagen der literarischen Zeugnisse ihrer Frühgeschichte stimmen ja gerade in dem Punkt überein, dass die antiken Termini vielschichtig waren. Es gab Vandalen, wie wir bereits gesehen haben, als Ober- und als Unterbegriff, aber sie konnten offenbar auch (vielleicht wenn es um kultische Gemeinsamkeiten ging?) unter dem Namen der «Lugier» subsumiert werden, vielleicht eine Bezeichnung der vorher, vor der Einwanderung der germanischen Vandalen, in jenem Gebiet ansässigen Bevölkerung. Da diese Beziehungen in den Quellen einfach vorausgesetzt, jedoch niemals erklärt werden, bleiben sie für uns mit vielen Fragezeichen versehen. Und es ist auch nicht möglich, die modernen archäologischen Funde in der betreffenden Region anhand der einen oder anderen antiken Lokalisierung zu klassifizieren, obwohl es sich bei dem mitteleuropäischen Großraum, in dem die frühen Vandalen siedelten, um eine sogenannte Kulturprovinz handelt, die durch Gemeinsamkeiten in den Bestattungsformen und den gefundenen Sachgütern (vor allem Tongefäße, aber auch Trachtbestandteile) definiert ist – man spricht wegen des wichtigsten Fundorts von der Przeworsk-Kultur. Wir befinden uns dabei im heutigen Mittel- und Südpolen beziehungsweise in der Slowakei und in Rumänien, Grenzen sind Oder und Bug (beziehungsweise oberer Dnister) im Westen und Osten, die Netze im Norden und der Karpatenbogen im Süden (Karte 2).

Wie aber könnte man die Träger dieser Kultur spezifisch als Vandalen ansprechen und von anderen, kulturell verwandten Stämmen in diesem riesigen Gebiet, etwa den Burgundern, trennen? Immerhin lässt sich beobachten, wie in dieser Kultur, die vom 3. vorchristlichen Jahrhundert bis zur Mitte des 5. Jahrhunderts n. Chr. bestand, einzelne Gräber durch die Kostbarkeit ihrer Beigaben derartig herausstechen, dass man von einer Elite, genauer von einer Kriegerelite, sprechen kann. Denn dass der hier vorgeführte Reichtum wesentlich auf Handelsgewinnen beruhte (durch das Gebiet führte die berühmte Bernsteinstraße zur Ostsee), ist unwahrscheinlich. Sicherlich aber waren Kontakte zum Römischen Reich für die Entwicklung der gentilen Sozialstruktur wichtig, und der Karpatenbogen stellte für die Vandalen keine Barriere dar, ob sie sich der römischen Donaugrenze nun als Angreifer und Räuber, als Verbündete oder als Schutzsuchende näherten.

Warum auswandern und wie? Leider sind wir über die Gründe, die bald nach 400 n. Chr. die Vandalen dazu bewogen haben, ihre Wohnsitze an der oberen und mittleren Theiß und anderswo aufzugeben, besonders schlecht informiert. Bekanntlich haben die Hunnen, die im späteren 4. Jahrhundert aus der eurasischen Steppe nach Westen drängten, bei den gentilen gotischen Reichen am Schwarzen Meer zu schweren Verwerfungen geführt. Ein Teil der Goten musste sich unterwerfen oder wurde vernichtet, ein Teil floh über die Donau ins Römische Reich. Die Römer konnten diese Grenze letztlich nur dadurch stabilisieren, dass sie die geschaffenen Fakten akzeptierten und mit den Eindringlingen Verträge abschlossen (Seite 18 f.).

Dass der Aufbruch der Vandalen ebenfalls eine direkte Folge hunnischer Angriffe war, ist nicht wahrscheinlich, weil diese so weit im Westen damals nicht bezeugt sind und weil überdies ein Teil der Vandalen ihre Wohnsitze gar nicht verließ, ohne deshalb sofort von den Hunnen beherrscht zu werden. Nichts spricht also dagegen, den überlieferten Nachrichten von einer Hungerkrise bei den Vandalen, die sie zur Auswanderung gezwungen habe, zu trauen, auch wenn wir ihre Ursache nicht kennen. Zu bedenken ist dabei, dass die vandalischen Krieger wohl schon längere Zeit darauf angewiesen waren, von anderen ernährt zu werden. Die kriegerische Lebensweise scheint dominiert zu haben, sei es, um sich gegen Reiter aus der Steppe zu verteidigen, sei es, um im ‹Kontakt› mit dem Römischen Reich die eigenen Interessen zu wahren. Jedenfalls hören wir auch später, als es den Vandalen gelungen war, ertragreiches Ackerland in römischen Provinzen in ihre Gewalt zu bringen, niemals etwas davon, dass sie es selbst bebauten.

Aber auch das Schicksal der mit den Vandalen verfeindeten und zugleich vielfältig verbundenen, ins Römische Reich geflohenen – und insofern erfolgreichen – Goten und anderer in Bewegung geratener Gentes dürfte ihren äußerst risikoreichen Entschluss befördert haben, nicht mehr zu kleineren Eroberungs- oder Plünderungszügen aufzubrechen, um dann wieder zurückzukehren, sondern die große, die radikale Lösung zu wählen: Nicht nur die Krieger machten sich ja unter ihren Anführern auf den Weg, sondern auch ihre Familien mitsamt dem mobilen Besitz. Damit war – unabhängig davon, wie viele Personen zu Hause blieben – der entscheidende Teil der Gens aufgebrochen.

Der Weg nach Westen. Man zog nördlich der Reichsgrenzen nach Westen, und das Ziel konnte nur eines sein: der Eintritt oder der Einbruch ins Römische Reich. Nur dort, so viel war klar, waren die Mittel vorhanden, die ausreichend Nahrung für Verbände mit bis zu sechsstelligen Bevölkerungszahlen erwarten ließen. Genauere Angaben haben wir nur für einen vandalischen Teilstamm, die Hasdingen, deren Gesamtbevölkerung später, bei der Überquerung der Straße von Gibraltar im Jahr 429, mit 80 000 angegeben wird (Seite 44). Es ist nicht anzunehmen, dass die Zahl der eine Generation vorher Aufgebrochenen kleiner war, und in jedem Fall gab es damals noch zwei Teilstämme.

Diese Menschenmassen waren – bei den Vandalen ebenso wie bei Wanderungen anderer Gentes – nicht en bloc unterwegs, und doch stellte ihre Versorgung, sobald die Vorräte aufgebraucht waren, ein erhebliches Problem dar. Dies allein zeigt schon, dass der Auswanderungsdruck erheblich gewesen sein muss. Man war prinzipiell auf fremde Ernten angewiesen, und selbst wenn man auf sie zugreifen konnte, war es nicht möglich, längere Zeit an einem Ort zu bleiben. Dieser unerbittlichen Notwendigkeit – man befand sich immer wieder am Rande des Hungers oder gar des Verhungerns – konnte nur entkommen, wem es gelang, sich irgendwie im Römischen Reich oder wenigstens an seinen Außengrenzen zu etablieren. Es boten sich im Wesentlichen zwei Möglichkeiten: Entweder schloss man einen Vertrag mit der römischen Zentralgewalt, der meistens auf dem Prinzip ‹Ernährung gegen Waffenhilfe› basierte, was natürlich eine neue existentielle Abhängigkeit mit sich brachte, nämlich die vom Eintreffen der zugesagten Lieferungen. Oder es gelang irgendwie, den Kaiser dazu zu bewegen, dauerhaft römisches Provinzialgebiet zur Verfügung zu stellen, auf dem man sich einrichten konnte und dessen Erträge dann die Ernährung sicherten. Diese Lösung war bei weitem attraktiver, blieb aber meist ein unerfüllter Traum.

Auswärtige Kämpfer für Rom – Vorteile, Risiken und Nebenwirkungen. Früher oder später brauchte man also die römische Infrastruktur, um überleben zu können. Diese war seit Jahrhunderten darauf ausgerichtet, landwirtschaftliche Überschüsse zu ermöglichen, zentral abzuschöpfen, zu transportieren und für die Erfüllung der bei weitem aufwändigsten staatlichen Aufgabe einzusetzen: für die Versorgung und Bezahlung der Truppen, also die Verteidigung. Aus dieser Perspektive war es deshalb auch für das Römische Reich nicht unsinnig (wenn auch zunehmend gefährlich), nicht nur reguläre Soldaten einzusetzen, sondern auch vertraglich verpflichtete auswärtige Kämpfer aus dem Barbaricum, und zwar aus zwei Gründen: Zumindest kurzfristig waren die Kosten für eine solche Anwerbung geringer als die für reguläre römische Truppen, für die es zum Zweiten auch Rekrutierungsschwierigkeiten gab.

Dies wiederum hängt mit langfristigen Entwicklungen der römischen Staatlichkeit zusammen. Rekruten für das römische Heer kamen schon seit langem nur noch aus den Provinzen, insbesondere aus den ländlichen Gebieten. Hier aber hatte die Zentralgewalt gegenüber den Landbesitzern einen schleichenden Machtverlust hinnehmen müssen, der ihren Zugriff auf die einfache Bevölkerung limitierte, was Rekrutierungen schwieriger und teurer machte. Deshalb stieg schon im 4. Jahrhundert nicht nur die Zahl nichtrömischer Soldaten in den regulären

Truppen, sondern es gab auch immer mehr Einheiten, die vollständig von außerhalb, also eigentlich irregulär, angeworben wurden und die den Charakter des römischen Heeres mit der Zeit erheblich veränderten.

Diese Entwicklung brachte Vor- und Nachteile mit sich. Neben den geringeren Kosten gehörte zu Ersteren der Vorzug größerer Flexibilität, das heißt konkret: die Austauschbarkeit dieser nach ihrem Vertrag mit Rom (*foedus*) Foederaten-Truppen genannten Verbände. Die Verträge waren ja nicht unkündbar, und aus Vertragstruppen konnten im ‹Bedarfsfall› schnell wieder Reichsfeinde werden, zumal sich auf dem Markt der gentilen Kämpfer viel mehr Menschen anboten als tatsächlich gebraucht wurden. Diese Konkurrenz verschärfte die ohnehin seit langem existierenden Feindschaften zwischen den Gentes, die zwar meist zur großen germanischen Sprachfamilie gehörten, aus dieser Gemeinsamkeit aber, wenn sie ihnen überhaupt bewusst war, nichts ableiteten. Sie bezeichneten sich selbst ja auch nicht als Germanen, vielmehr hatte jede Gens ihren eigenen Namen. Dies alles machte es der römischen Zentrale leicht, sie bei Bedarf gegeneinander auszuspielen.

Die spätantike Struktur dieser Zentralgewalt brachte es zudem mit sich, dass die Verpflichtung gentiler Kämpfer auch durch das Eigeninteresse der römischen Akteure befördert wurde. Im 4. Jahrhundert schufen die Kaiser nämlich ein neues, permanentes militärisches Oberamt, teils wegen der Erfordernisse der Reichsverteidigung, teils zur Unterstützung ihrer unerfahrenen Söhne. Die Inhaber wurden *magistri militum*, «Heermeister», genannt. Ursprünglich gab es davon, um ihre Macht zu begrenzen, mehrere Typen, unterschieden nach Regionen und Truppengattungen. Am Ende des 4. Jahrhunderts bildete sich im Westreich allerdings an der Spitze der Generäle das Amt eines höchsten Heermeisters, eine Art Generalissimus, heraus.

Seit den 390er Jahren hatte dies Stilicho inne, der Kaiser Theodosius und seiner Familie treu ergeben war. Wichtigste Aufgabe der Heermeister war die Sicherung der Grenzen, und dazu gehörte unter den gegebenen Umständen die Kontrolle, Anwerbung oder auch Disziplinierung auswärtiger Foederaten; dabei war es sicher hilfreich, dass die Heermeister oft selbst aus dem Milieu des gentilen Militärs stammten. Stilicho ist dafür ein prominentes Beispiel: Schon sein Vater, ein Vandale, hatte in römischen Diensten gestanden. Naheliegenderweise strebten diese Heermeister, oft in scharfer Konkurrenz zueinander, danach, sich möglichst unentbehrlich zu machen – als «Barbaren» hatten sie selbst keine Chance, auf den Kaiserthron zu kommen. Die angeworbenen Foederaten konnten ihnen auch deshalb besonders nützlich sein, weil sie ihr Vertragsverhältnis an die Person banden, mit der sie das *foedus* geschlossen hatten. In der Tat scheinen sich Foederaten oft mehr diesem oder jenem General als dem Römischen Reich insgesamt verpflichtet gefühlt zu haben, was nicht nur auf ein dem römischen Recht fremdes (‹germanisches›) Vertragsverständnis zurückgeführt werden muss, sondern sicher auch mit den konkreten Erfahrungen dieser Gentes zu tun hatte: Sie waren oft Spielball verschiedener Interessengruppen im Imperium Romanum.

Der Vorzug der persönlichen Abhängigkeit, den Foederaten-Truppen für einen römischen General boten, konnte allerdings sehr schnell zum Nachteil für das Reich als Ganzes werden, und diese Zweischneidigkeit gilt gleichermaßen für die anderen eben genannten Vorteile. Die Unterscheidung zwischen ‹guten› (die Reichsgrenzen schützenden) Barbaren und ‹bösen› (das Imperium gefährdenden) Barbaren blieb nicht immer in der gewünschten Form erhalten. Insgesamt scheint es aber für dieses neue Verteidigungssystem aus römischer Sicht (jedenfalls seitdem die Reichsgrenze im letzten Viertel des 4. Jahrhunderts an der mittleren und unteren Donau mehr oder weniger durchlässig geworden war; Seite 41) keine Alternative gegeben zu haben. Es verschaffte dem Westreich auch dann noch eine gewisse militärische Stabilität, als die römischen Truppen alter Prägung dazu nicht mehr in der Lage waren. Zugleich trug es aber im 5. Jahrhundert erheblich zum Zusammenbruch des Reiches bei, und hieran wiederum hatten die Vandalen, wie wir noch sehen werden, einen erheblichen Anteil.

Unabhängig davon hatte dieses Verteidigungssystem auch beträchtliche, jedoch von keiner Seite geplante Auswirkungen auf die Struktur der Gentes. Es förderte ihre Militarisierung sowie generell die Integration und die Formierung großer gentiler Einheiten unter einem Anführer, wenn es diesem gelang, den eigenen Leuten römisches Geld, Getreide oder gar Land zu verschaffen. Allerdings war die Gunst eines *foedus* nicht die Voraussetzung für diese Form der Ethnogenese. Die Vandalen etwa bildeten auch ohne ein solches Bündnis feste Stammesstrukturen aus.

Warum wurden die Vandalen keine Foederaten? Um zu verstehen, warum diese Gens von den Vorteilen, die das eben beschriebene System für andere Stämme mit sich brachte, aufs Ganze gesehen kaum profitieren konnte, müssen wir die Situation am Anfang des 5. Jahrhunderts genauer ins Auge fassen. Dabei darf der Fall der Vandalen nicht isoliert betrachtet werden. Es gab mehrere gentile Großgruppen, die zu jener Zeit an der Nordgrenze des Römischen Reichs unterwegs waren (und denen am Ende auch der gewaltsame Durchbruch ins Reich gelang). Darunter sind zum einen die Quaden hervorzuheben – ein zur Großfamilie der Sueben gehöriger Stamm, der in den zeitgenössischen Quellen meist auch unter dieser Sammelbezeichnung firmiert –, die in der südlichen Slowakei gesiedelt hatten, zum anderen die Alanen, ein iranisches Reitervolk, das durch die Hunnen aus ihren Sitzen am Asowschen Meer vertrieben worden war, sich ihnen zeitweilig untergeordnet hatte, nun aber wieder eigenständig agierte. Da hier jeweils ganze Familien unterwegs waren, ist es kaum übertrieben, die Gesamtzahl der Menschen grob auf 300 000 zu schätzen, und diese Größenordnung musste von Rom als massive Bedrohung angesehen werden.

Die Integration all dieser Menschen schien ein Ding der Unmöglichkeit zu sein. Außerdem waren die Vandalen in den innergermanischen Auseinandersetzungen, die von der römischen Militärführung genau beobachtet wurden, bislang nicht als besonders siegreich aufgefallen. Ihre Verpflichtung als Krieger drängte sich dementsprechend nicht auf. Schließlich waren die Probleme, die sich das Römische Reich mit den seit den 380er Jahren inkorporierten gotischen Foederaten-Truppen selbst geschaffen hatte, in den Jahren nach dem Tod von Kaiser Theodosius (395) offen zu Tage getreten. Unter ihrem Anführer Alarich hatten diese Kämpfer, enttäuscht von nicht eingehaltenen römischen Versprechungen, immer wieder den Gehorsam verweigert und waren zu Plünderungen übergegangen, während Stilicho die von ihnen ausgehende Gewalt zwar eindämmen, sich aber nicht dazu entschließen konnte, Alarichs Gens zu vernichten. Offenbar wollte er nicht auf ihre Kampfkraft verzichten, zumal sie nun schon längere Zeit in römischen Diensten stand und durch ihre Erfahrung wertvoll war – potentiell aber, nach einem eventuellen Seitenwechsel, ein hochgefährlicher Gegner. Der General setzte also darauf, ihr militärisches Potential weiterhin zu nutzen, ohne den Goten das zu gewähren, was sie immer wieder forderten: dauerhafte Verfügungsgewalt über römisches Provinzialland und Siedlungsrechte. In dieser Situation, in der Stilicho größte Schwierigkeiten hatte, Alarichs Kämpfer im Zaum zu halten, wären die Verpflichtung weiterer gentiler Verbände und eine ‹Einreiseerlaubnis› für sie kontraproduktiv gewesen, und die Vandalen, notorische Feinde der Goten, schienen hier besonders ungeeignet.

Stilichos Verteidigung Italiens. Dies gilt jedenfalls für die beiden vandalischen Großstämme, die Hasdingen und die Silingen. Kleinere vandalische (und auch alanische) Kampfgruppen konnten dagegen auch damals, wie schon früher, ins römische Militär aufgenommen werden; sie waren dann allerdings ohne ihre Familien unterwegs. Von solchen Hilfstruppen hören wir anlässlich Stilichos Krieg gegen die unbotmäßigen Truppen Alarichs, als Italien 401 zum ersten Mal in der Kaiserzeit gegen eingedrungene Barbaren verteidigt werden musste. Sogar die Kaiserresidenz in Mailand wurde belagert (und aufgrund dieser Erfahrung später ins besser geschützte Ravenna verlegt). Stilicho musste zunächst einen Aufstand von Foederaten-Truppen in der Provinz Raetien (dem Alpenvorland, begrenzt von Donau und Inn) niederschlagen und die auswärtigen Kämpfer dort wieder in Sold nehmen, um anschließend mit ihnen nach Italien zu ziehen, wo er Mailand besetzen und die Goten schließlich über die Julischen Alpen aus Italien drängen konnte. Unter den von ihm mitgeführten, wieder vertragstreuen Foederaten werden in den Quellen vandalische und alanische Einheiten genannt. Dass zu diesem Zeitpunkt die Großstämme der Vandalen und Alanen (sowie der Sueben) bereits unterwegs waren, ist eher unwahrscheinlich, weil sie dann ein halbes Jahrzehnt an der Donaugrenze und somit in Bewegung gewesen sein müssten, ohne diese zu überschreiten und sich folglich mit römischem Getreide versorgen zu können. In welchem Verhältnis die – offenbar kleinere – vandalische Foederaten-Truppe in römischen Diensten, von der wir in der Folgezeit nichts mehr hören, zum Großstamm stand, wissen wir nicht. Typisch war das Nebeneinander von Angehörigen desselben Stammes innerhalb und außerhalb der Grenzen; eher untypisch war, dass vandalische Kämpfer überhaupt als römische Hilfstruppen fungierten.

Der Aufbruch nach Westen und die Überwindung der Rheingrenze. Die Großstämme der Vandalen, Sueben und Alanen dürften sich erst 405 in Bewegung gesetzt haben und nach Westen gezogen sein, ohne auf Reichsgebiet vorzudringen. Genau dies tat aber ungefähr zur gleichen Zeit ein anderes großes, ethnisch offenbar stark gemischtes Heer unter einem Heerführer namens Radagais, das ebenfalls aus dem Barbaricum gekommen war, zunächst die mittlere Donau und dann Anfang 406 auch die Julischen Alpen hatte überqueren können und erst im Sommer jenes Jahres unter Aufbietung aller Kräfte von Stilicho in Italien zerschlagen werden konnte.

Es liegt nahe, dass es die Anstrengungen dieses erneuten Abwehrkampfes gegen einen Angriff auf Italien waren, die verhinderten, dass Stilicho auf die sich im selben Jahr 406 zusammenbrauende Bedrohung angemessen reagierte, die der Zug von Alanen, Sueben und Vandalen für die römische Rheingrenze bedeutete. Das heißt nicht, dass diese ohne Verteidigung war. Zwar waren die Truppen in und hinter den Lagern und Kastellen am Rhein in den vorangegangenen Jahrzehnten – wegen der Bedrohung des italischen Kernlandes, aber auch wegen innerrömischer Auseinandersetzungen – immer mehr ausgedünnt worden. Rom schützte seine beiden linksrheinischen Provinzen (Germania I mit der Hauptstadt Mainz und die niederrheinische Provinz Germania II mit der Hauptstadt Köln) aber zusätzlich durch eine Art Vorfeld-Verteidigung im rechtsrheinischen Gebiet. Hier siedelten nördlich des Mains Stämme, die mit einer Sammelbezeichnung «Franken» genannt wurden. Von ihnen hatten sich einige vertraglich verpflichtet, die Annäherung feindlicher Barbaren zu verhindern, wie üblich gegen materielle Leistungen Roms. Diese Sicherung war allerdings für kleinere Einfälle vorgesehen, und die beauftragten Franken setzten sich zwar zur Wehr, konnten den Durchmarsch der zahlreichen Angreifer aber nicht verhindern.

Warum Stilicho in der zweiten Jahreshälfte 406 auf diese Situation nicht reagierte, wissen wir nicht. Waren seine Kräfte womöglich davon absorbiert, noch immer mobile Teile des großen unter Radagais nach Italien eingedrungenen Barbarenheeres (das sich hier, wie wir wissen, in verschiedene Gruppen aufgeteilt hatte) daran zu hindern, nach Gallien zu gelangen? Jedenfalls blieben die Grenztruppen am Rhein auf sich allein gestellt, und sie waren chancenlos. Der römische Chronist Prosper Tiro datiert die Rheinüberquerung der Alanen, Sueben und Vandalen auf den 31. Dezember 406, und es gibt keinen durchschlagenden Grund, dieses Datum anzuzweifeln. Auch die Überlieferung, dass die römische Stadt Mainz den Invasoren zum Opfer fiel, ist glaubwürdig. Hier gab es eine feste Rheinbrücke, die von ihnen mit Sicherheit genutzt wurde, aber ebenso sicher ist angesichts der Vielzahl der beteiligten Stammesgruppen, dass es nicht nur einen einzigen Übergangs- beziehungsweise Überfahrtsort gab. Der Vorgang muss sich über mehrere Tage, wenn nicht Wochen hingezogen haben. Die Größe dieser Katastrophe wird deutlich, wenn man bedenkt, dass es damals im Hinterland der Grenze kein größeres römisches Heer mehr gab, das den Einfall hätte aufhalten oder zurückschlagen können. Damit stand der Weg nach Gallien offen.

3. Der Einbruch der Vandalen ins Römische Reich – Gallien und Hispanien (407–429)

Die römische Gegenwehr. In militärischer Hinsicht konnten sich die Eindringlinge also zunächst sicher fühlen, es drohten aber zwei längerfristige Gefahren: die permanente Versorgungskrise (zumal man kaum in der Lage war, gut befestigte Städte zu erobern und in den Genuss ihrer Getreidespeicher zu kommen) und die langsame Formierung einer überregionalen Verteidigung, die sie daran hindern könnte, auf Nahrungssuche plündernd über Land zu ziehen. Tatsächlich tauchte ein solcher, zumindest potentieller Gegner bereits im Jahr 407 auf, und zwar aus einer Richtung, aus der die Vandalen ihn wohl nicht erwarteten: aus Britannien. Dort hatte man schon 406 mit Sorge beobachtet, dass Krieger des Radagais nach Gallien eingedrungen waren, was vom Durchbruch der Rheingrenze zu Jahresbeginn 407 noch übertroffen wurde. Man fühlte sich im britannischen Reichsteil hoch im Norden offenbar bedroht (würden die barbarischen Scharen vielleicht den Kanal überqueren?) und alleingelassen, was zu einer typischen Reaktion führte: Einzelne Offiziere des römischen Heeres in Britannien ließen sich von ihren Soldaten zum Kaiser ausrufen und versuchten dann, weiterreichende Unterstützung zu bekommen. Am erfolgreichsten war hier im Februar 407 ein gewisser Constantinus, der bald nach Gallien übersetzte, einerseits um seine Macht auf den ganzen römischen Nordwesten auszudehnen, andererseits wohl auch, um unter Beweis zu stellen, dass er das leisten konnte, wozu der Kaiser in Ravenna offenbar nicht mehr in der Lage war: der Erosion der römischen Macht in Gallien Einhalt zu gebieten.

Was das erste Ziel angeht, war Constantinus durchaus erfolgreich, da er sich nicht nur in Gallien und in der Hauptstadt Arles etablieren konnte, sondern auch Hispanien als Machtbereich hinzugewann, wo einer seiner Generäle, Gerontius, sich durchsetzen konnte und wo sein Sohn fortan als Stellvertreter residierte. Attacken aus Italien, von wo aus Stilicho das römische Heer gegen ihn aussandte, konnte er so gründlich abwehren, dass dieser nun ohne nennenswerte Heeresmacht noch stärker als bisher auf die gotischen Foederaten Alarichs angewiesen war. Diese Abhängigkeit schwächte die Stellung des früher mächtigen Heermeisters, und im Sommer 408 kam es zu einem Komplott gegen ihn und seine Gefolgsleute, das Kaiser Honorius (395–423) nicht verhinderte und das die Drahtzieher mit einer Pogromstimmung gegen germanische Foederaten zu verbinden wussten. Zehntausende von ihnen verließen nun den römischen Dienst und wandten sich Alarich zu, der damit endgültig zu einem Gegner geworden war, dessen militärischer Stärke das Westreich kaum mehr etwas entgegenzusetzen hatte.

Für Constantinus in Gallien folgte daraus, dass er auf absehbare Zeit in Sicherheit war, es bedeutete aber auch, dass für ihn eine Legitimation durch spektakuläre Erfolge gegen die in Gallien eingedrungenen Barbaren nun eher zweitrangig war. Diese scheinen jedenfalls von größeren römischen Angriffen verschont geblieben zu sein, ohne jedoch von den Städten geduldet zu werden, die sich gegen die Eindringlinge verteidigten, so gut sie es vermochten. Den Invasoren wurde somit klar, dass sie in Gallien immer in Bewegung bleiben mussten, um zu überleben, dass sie also keine Chance erhalten würden, sich hier dauerhaft etablieren zu können.

Gab es bessere Bedingungen in Hispanien? Würden sie sich vielleicht jenseits der Pyrenäen festsetzen können? Bereits 407 hatten einige der eingedrungenen Gruppen vergeblich versucht, diese Grenze zu überwinden. Zwei Jahre später versammelten sich hier, wie 406 am Rhein, Hunderttausende, um den Durchbruch zu erzwingen. Auffallenderweise waren mit Alanen, Sueben und Vandalen (Hasdingen und Silingen) wieder eben jene Stämme dabei, die 406/407 über den Rhein gekommen waren. Mit Ausnahme der Alanen, von denen ein Stammesteil schon 407 in römische Dienste getreten war, hatten sie von den römischen

Autoritäten kein akzeptables Angebot erhalten. Gentile Einwanderer in dieser Größenordnung zu integrieren, wäre nicht ohne umfangreiche Enteignungen möglich gewesen. Für eine solche Schwächung, ja Auflösung war die römische Herrschaft in Gallien aber noch zu lebenskräftig. Verträge schloss man nur mit kleineren Stämmen oder Stammesgruppen (Burgundern, Franken, Alamannen), die in Randgebieten angesiedelt wurden.

War Verrat im Spiel? Die Pyrenäenpässe waren zwar viel leichter zu sichern als die Rheinübergänge. Die römischen Verteidiger versagten im Herbst 409 dennoch. Dass dabei Verrat im Spiel war beziehungsweise ein versteckter politischer Wille, die Gentes nach Hispanien zu holen, ist ein schon in der Antike geäußerter, aber wenig plausibler Verdacht; denn der einzig in Frage kommende ‹Täter›, Constantinus' hispanischer Heermeister Gerontius (der in der Tat in diesem Jahr von seinem Dienstherrn abgefallen war und insofern Interesse an der Kampfkraft neuer Verbündeter gehabt haben könnte), wird durch sein weiteres Verhalten entlastet: Den erwartbaren Deal – Waffenhilfe gegen Ansiedlung – hat er mit den eingedrungenen Gentes gerade nicht abgeschlossen, obwohl er durchaus die Möglichkeit dazu gehabt hätte. Als Heermeister hatte er zwar nicht die Kompetenz, Reichsland an gentile Einwanderer zu vergeben, das konnte nur ein Kaiser. Da er aber kurz darauf seinen Sohn zum Kaiser ausrufen ließ, hätte er auf diesem Weg durchaus Handlungsoptionen gehabt.

Die römische Verteidigung. Was Gerontius jedenfalls fehlte, war eine ausreichende Militärmacht, um den Eindringlingen wirksam entgegenzutreten. Er scheint deshalb auf fränkische Foederaten zurückgegriffen zu haben; eine (allerdings nicht ganz eindeutige) Nachricht im Geschichtswerk Gregors von Tours (2,9) überliefert nämlich für diese Zeit eine Schlacht von Franken gegen die hasdingischen Vandalen, in der diese schwere Verluste erlitten und ihren König Godegisel verloren, bevor sie durch das Eingreifen der Alanen unter König Respendial gerettet wurden.

Auch in Hispanien war man also nicht bereit, mit den Eindringlingen irgendwie zu teilen. Die Folge waren zwei Jahre katastrophaler Eroberungen, Plünderungen und Zerstörungen, die zu schweren Hungersnöten führten. Wie 407 in Gallien war die römische Militärmacht dadurch behindert, dass die Führung rebellierte: in diesem Fall nicht gegen den Kaiser in Ravenna (der genug damit zu tun hatte, in Italien die Kontrolle zu behalten, wo Alarich im Jahr 410 Rom erobert hatte), sondern gegen Constantinus in Gallien, in dessen Auftrag Gerontius ja eigentlich nach Hispanien gekommen war.

Es gehört zur Pathologie der damaligen römischen Herrschaft, dass die Militärkommandeure der Sicherung ihrer Stellung im innerrömischen Machtkampf meist größeres Gewicht einräumten als der Verteidigung der Provinzbevölkerung. Auf kurze Sicht war das zwar nicht irrational; denn zerstörte Siedlungen waren für ihre Position nicht unmittelbar gefährlich (und die Eindringlinge hüteten sich, das römische Militär direkt anzugreifen), wohl aber die Ablösung durch den Dienstherrn. Für die Stabilität der betroffenen Provinzen hatte dies jedoch verheerende Folgen, was dann wiederum das Steueraufkommen und somit letztlich die eigene Existenzgrundlage gefährdete. Dies aber war ein längerer und ein vermittelter Prozess, der konkrete Machtverlust drohte dagegen unmittelbar.

Die Gentes teilen Hispanien unter sich auf. Gerontius entschloss sich zu Beginn des Jahres 411, zunächst im römischen Machtkampf aufs Ganze zu gehen und Constantinus in Gallien anzugreifen; er scheiterte aber und verlor sein Leben. Damit war die Militärmacht in Hispanien paralysiert, den Gentes drohte nicht mehr die Gefahr, von einem römischen Heer attackiert zu werden – und den Römern war diese Hoffnung nun genommen. Dies machte den Weg frei für eine Einigung. Die eingedrungenen Gentes verständigten sich untereinander über die Aufteilung des Landes, und die Provinzialen akzeptierten dies, indem sie den neuen Herren einen Teil ihrer Bodenerträge ablieferten, wofür ihnen im Gegenzug militärischer Schutz zugesichert wurde (Karte 3).

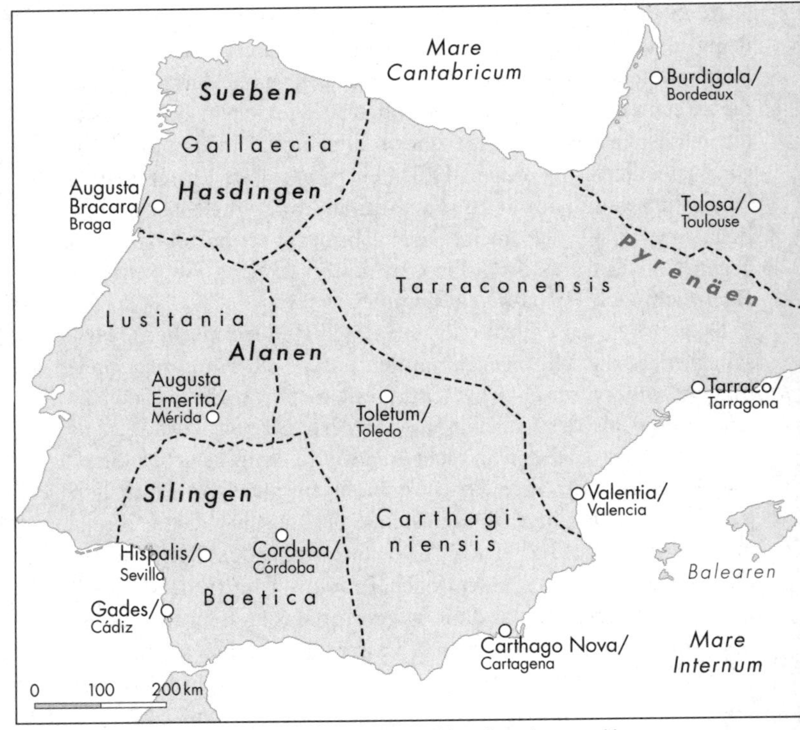

Karte 3: Hispanien von 411 bis 416, aufgeteilt unter Alanen, Hasdingen, Silingen und Sueben

Der hispanische Chronist Hydatius schreibt über diese Aufteilung Hispaniens im Jahr 411: «Die Vandalen und die Sueben besitzen Gallaecia (Galicien), das im äußersten Westen liegt und am weitesten in den Ozean hineinragt. Die Alanen bekommen die Provinzen Lusitania und Carthageniensis, diejenigen Vandalen, die den Beinamen Silingen haben, die Provinz Baetica.» (49)

Auffällig ist hier zum einen die große Entfernung zwischen den vandalischen Silingen in der Provinz Baetica (die in etwa dem heutigen Andalusien entspricht) und den Hasdingen in Galicien. Diese Distanz ist nur zu erklären, wenn man sich keine übertriebenen Vorstellungen von der Zusammengehörigkeit der beiden Stämme macht. Schon die Siedlungsgebiete, aus denen sie aufgebrochen waren, standen wohl nicht in Verbindung miteinander – allerdings sind wir hinsichtlich der Silingen, bei denen eine Herkunft aus dem heutigen Schlesien («Silingia») vermutet wird, noch schlechter informiert als über die Hasdingen.

411 war diese Gruppe, wie unser Quellentext zeigt, stark geschwächt; denn sie erhielt kein eigenes Gebiet, sondern musste sich eines mit den Sueben teilen. Dies dürfte mit der erwähnten verheerenden Niederlage zusammenhängen, die die Hasdingen erlitten hatten. Da die Landverteilung offensichtlich auf der Stärke der Stämme beruhte, ergibt sich außerdem, dass die Alanen an der Spitze standen, da sie nicht nur Lusitanien (in etwa das heutige Portugal), sondern auch die römische Provinz um Cartagena (Carthageniensis), somit das größte Gebiet von allen, erhielten, und dies, obwohl ja ein Teil von ihnen am Rhein geblieben war und die Seiten gewechselt hatte. Es ist gut möglich, dass diese Vorrangstellung auch mit ihrer Rolle in der erwähnten Hasdingen-Schlacht gegen die Franken zusammenhing, in der die Alanen die Entscheidung gebracht hatten. Wichtig ist außerdem, dass diese Aufteilung nicht auf einem Vertrag der Gentes mit Rom beruhte, sondern auf eigenem Gutdünken, was allerdings von der ansässigen Provinzialbevölkerung, den «Romanen», wie wir sie damaligem Sprachgebrauch entsprechend nennen wollen, akzeptiert wurde.

Die Goten greifen in Hispanien ein. Die Provinz Tarraconensis im Nordosten der Halbinsel – in dem Teil, der vom römischen Gallien aus leicht zu erreichen war – blieb unter römischer Herrschaft. Die römische Zentralmacht begann aber erst im Jahre 415 wieder eine aktive Hispanien-Politik, als die gallischen Usurpatoren ausgeschaltet waren und Alarichs Goten, die aus Italien nach Südgallien abgezogen waren, von Kaiser Honorius' Heermeister Constantius von dort aus über die Pyrenäen gedrängt worden waren. Die Goten blieben jedoch nicht in der Tarraconensis, sondern versuchten unter ihrem neuen König Wallia, endlich den Traum zu verwirklichen, um dessentwillen sie schon (vergeblich) an die Südspitze Italiens gezogen waren: den Traum von Afrika. Dort, genauer im heutigen Maghreb, also im damals (und zur Unterscheidung vom Erdteil auch in diesem Buch) *Africa* genannten reichen Provinzialgebiet im Südwesten des Imperium Romanum, glaubte man, endlich am Ziel zu sein.

Die (Visi-)Goten (‹Westgoten›) unter Wallia durchquerten also die hispanische Halbinsel, scheiterten jedoch erneut und verlustreich an den nautischen Schwierigkeiten einer Überfahrt, was sie in eine fast aussichtslose Lage brachte. Militärisch waren sie, die schon eine Generation lang Kriegsdienst für die Römer leisteten, den anderen Gentes in Hispanien überlegen. Aber dies half ihnen nicht bei der dringenden Aufgabe, Nahrung für zehntausende Menschen zu finden, noch dazu in einer feindlichen Umgebung. Roms Heermeister Constantius nutzte diese Zwangslage aus und führte die Goten zurück in ein Vertragsverhältnis, das sie schon Jahre zuvor verlassen hatten. Er stellte den Goten kurzfristig ca. 3,5 Kilotonnen Getreide zur Verfügung, womit wahrscheinlich ihr Bedarf für ein Jahr gedeckt war, und sie verpflichteten sich im Gegenzug dazu, die in Hispanien eingedrungenen Alanen, Vandalen und Sueben niederzukämpfen.

Wir sehen hier nicht nur ein Beispiel für die verbreitete römische Strategie, Barbaren gegen andere Barbaren in Stellung zu bringen, sondern auch für die Bereitschaft der Gentes, sich gegenseitig zu eliminieren. Eine innergermanische Solidarität scheint, wie schon erwähnt, schlichtweg nicht existiert zu haben, und die gentile Perspektive folgte ganz offensichtlich nicht dem Motto ‹wir Gentes gegen das Imperium›, wie es ein schiefes Verständnis der Völkerwanderungszeit nahelegt. Das Römische Reich war vielmehr, auch von außen oder halb-außen betrachtet, die machtpolitisch ungefährdete Konstante (seine Schwächen nutzte man natürlich dennoch, so gut es ging, aus), der gegenüber man in eine möglichst profitable Position gelangen wollte; dabei waren andere Gentes viel eher Rivalen als Partner.

Deutlich wird bei diesem Anfang 416 geschlossenen römisch-gotischen *foedus* auch, dass die nun ins Fadenkreuz der gotischen Kampfkraft gerückten Gentes für Ravenna keinerlei Legitimität hatten; die Abkommen, die sie auf lokaler Ebene abgeschlossen haben mochten, kümmerten die Zentrale nicht.

Hydatius spricht für die folgenden Monate von einem «großen Gemetzel unter den Barbaren», das die Westgoten nun vertragsgemäß ins Werk setzten. Als erstes fielen ihnen die Silingen in Südspanien zum Opfer, deren Existenz als eigenständige Gens hier tatsächlich endete. Anschließend wurden die Alanen vollständig besiegt; die Überlebenden flohen zu den hasdingischen Vandalen nach Galicien und stellten sich unter den Schutz ihres Königs Gunderich.

Sie sind in den Vandalen allerdings nicht völlig aufgegangen, zumindest nicht sofort; denn der später in Africa gebräuchliche vandalische Königstitel lautete *rex Vandalorum et Alanorum*, «König der Vandalen und Alanen». Die Hasdingen konnten sich jedenfalls für ihre Rettung durch die Alanen im Jahr 410 gleichsam revanchieren, wobei eine gewisse Eigenständigkeit der Alanen dadurch gegeben war, dass sie zu einem anderen Sprach- und Kulturkreis gehörten (ihr weiteres Schicksal im Vandalenreich ist uns allerdings unbekannt). Neben den Alanen dürften sich den Hasdingen auch die Überlebenden der silingischen Katastrophe in Andalusien angeschlossen haben, sodass sich ihre Zahl deutlich erhöhte.

Die Goten werden aus Hispanien abberufen. Es ist jedoch höchst zweifelhaft, ob dies den Vandalen etwas genutzt hätte, wenn es im Jahr 418, wie vom siegreichen König Wallia sicherlich geplant, zu einer gotisch-hasdingischen Schlacht in Galicien gekommen wäre. Tatsächlich erteilte Ravenna den erfolgreichen Foederaten in diesem Jahr jedoch den Befehl, Hispanien zu verlassen und sich jenseits der Pyrenäen in Aquitanien niederzulassen. Über die Gründe für diesen Kurswechsel kann man nur Vermutungen anstellen. Einerseits scheint Constantius der Meinung gewesen zu sein, mit den Gentes im Nordwesten der Halbinsel, den beiden schwächsten der Vierergruppe, aus eigenen Kräften fertig zu werden, andererseits dürfte ihm die Aussicht, dass die Goten nach einem vollständigen Sieg als Einzige auf diesem Schauplatz über ein schlagkräftiges Heer verfügen würden, große Sorge bereitet haben. Denn warum sollten sie in diesem Fall auf ihren Plan verzichten, nach Africa zu gelangen?

Was hätte sie hindern sollen, in den Mittelmeerhäfen Hispaniens Schiffe und Fachleute zu finden, die eine Überfahrt gelingen lassen würden? Africa war schon seit langem nicht nur die Kornkammer Roms in dem Sinne, dass das Zentrum des Reiches von hier aus mit Brotgetreide (aber auch mit Öl) versorgt wurde; vielmehr wurde das gesamte Steueraufkommen weitgehend in Naturalien ‹überwiesen›, und diese Leistungen verschafften dem Westreich den finanziellen Spielraum, ohne den eine aktive Militärpolitik kaum möglich sein würde. Nachdem nun schon Gallien und Hispanien durch den Einbruch der Gentes in Mitleidenschaft gezogen waren, kam alles darauf an, wenigstens Africa intakt zu halten, und die einzig sichere Strategie hierfür war, die Goten zu saturieren und zugleich vom Mittelmeer zu entfernen. Man konnte damals nicht ahnen, dass dies ausgerechnet den Vandalen die Möglichkeit eröffnen würde, das zu tun, wovon die Goten nur geträumt hatten.

Die römische Armee übernimmt – und versagt. Die mächtiger gewordenen und nunmehr unbedrängten hasdingischen Vandalen versuchten zunächst, ihre nördlichen Nachbarn, die Sueben, zu unterwerfen, die sich dem aber durch Flucht in die Berge entziehen konnten. Nun wurde auch Asterius, der römische Oberbefehlshaber in Hispanien, aktiv und griff die Vandalen an, die jedoch (auf uns unbekannte Weise) nach Andalusien entkommen konnten. Vielleicht sollten sie nur von ihren Siedlungsgebieten, die sie seit einem knappen Jahrzehnt innehatten, entfernt und dadurch verwundbar gemacht werden. Aber welche Pläne auch immer die römische Militärführung gehabt haben mag, sie wurden nicht verwirklicht. Denn der Heermeister Constantius avancierte im Februar 421 zum Mitkaiser des Honorius, und Asterius, der höchste General in Hispanien, folgte ihm nach Italien, wohl um sein Nachfolger als Generalissimus des Westreichs zu werden. Constantius starb jedoch schon sechs Monate später, und mit ihm endete die wohl letzte Phase einer Konsolidierung seines Reiches.

In Hispanien blieb die römische Politik immerhin insofern konstant, als General Castinus genau da weitermachte, wo sein

Vorgänger Asterius aufgehört hatte. Schon 422 gelang es ihm, mit einem großen Heer samt gotischen Hilfstruppen die Vandalen in Andalusien zu zernieren und von ihren Versorgungslinien abzuschneiden. Eigentlich hätte er nur auf ihre Kapitulation warten müssen, es kam nun aber eine weitere fatale Konstante der römischen Politik dieser Zeit zum Tragen, welche die Vandalen rettete. Da die Kaiser die militärische Führung ganz in die Hände von Heermeistern gelegt hatten, entwickelten die lokalen Generäle (namentlich unter schwachen Kaisern, zu denen Honorius zweifellos zählte) nicht nur eine erhebliche Eigenständigkeit, sondern auch große Rivalitäten untereinander. Ein strahlender Sieg war unter diesen Bedingungen etwas, worauf man nicht verzichten zu können glaubte – und so ließ es Castinus 422 in Andalusien zur Schlacht kommen. Die Vandalen wussten, dass es ums Überleben ging, und ob es nun der Mut der Verzweiflung war oder, wie der Verlierer später behauptete, der Verrat seiner Hilfstruppen, jedenfalls gelang es den Vandalen, sich auf dem Schlachtfeld zu behaupten.

Dem glücklosen Feldherrn, der sich nach Tarraco (heute Tarragona) zurückziehen musste, schadete dies erstaunlicherweise nicht; er blieb im Amt. Wahrscheinlich plante er sogar, die Scharte auszuwetzen, als den Vandalen im August 423 erneut der Zufall zu Hilfe kam: Kaiser Honorius starb, und zwar ohne Nachfolger, was in Ravenna zu einer unklaren Situation führte. War damit nun der Ostkaiser Theodosius II., der Neffe des Honorius, zum Herrscher über das Gesamtreich geworden, oder konnte Valentinian, der kleine Sohn der Galla Placidia, der Halbschwester des Honorius, als legitimer Kaiser (unter der Regentschaft seiner Mutter) gelten? Oder würden stattdessen andere Thronprätendenten, die von rivalisierenden Heermeistern unterstützt wurden, das Rennen machen? Die Anhänger Valentinians konnten sich jedenfalls erst 425 durchsetzen, und in dieser langen Zeit der Unklarheit kam es besonders auf die Militärmacht der Heermeister an.

Castinus hatte sich schon vor der Schlacht von 422 mit seinem Kollegen Bonifatius überworfen und ihn sich zum Feind gemacht. Dieser, ein Parteigänger der Galla Placidia, befehligte mittlerweile das römische Heer in Africa. Es war klar, dass Castinus unter diesen Bedingungen nur dann etwas in Italien ausrichten konnte, wenn auch er über Truppen verfügte. Als er Hispanien verließ, dürfte er deshalb den größeren und wichtigeren Teil seines Heeres mit sich geführt haben. Für die Vandalen war damit die unmittelbare Gefahr gebannt. Auch vor einem Angriff der Westgoten mussten sie sich nicht mehr fürchten: Diese hatten die römischen Thronfolgewirren natürlich bemerkt und begonnen, das ihnen in Südgallien zugewiesene Gebiet auszuweiten; sie ließen jedenfalls erkennen, dass sie in Aquitanien bleiben und römische Befehle nicht mehr so leicht entgegennehmen würden. Dennoch musste den Vandalen klar sein, dass sie in Andalusien nur so lange sicher waren, wie die akute Krise des Reiches andauerte. Sie mussten und wollten diese Jahre nutzen, um das Unternehmen vorzubereiten, an dem die Goten verzweifelt waren: die Invasion Africas.

Wir haben gesehen, wie sich strukturelle Ursachen für das Versagen der Reichsverteidigung mit ereignisgeschichtlichen Zufällen mischten. Tatsächlich kann man sagen, dass das Schicksal der Vandalen in den frühen 420er Jahren an einem seidenen Faden hing. Wäre er gerissen, wäre das afrikanische Provinzialgebiet (so viel lässt sich ‹vorhersagen›) für eine gewisse Zeit sicher gewesen – und damit auch das letztlich von ihm abhängige westliche Imperium Romanum. Für eine wieviel längere Zeit? Angesichts der grundlegenden Probleme des Westreichs, die der Untergang der Vandalen ja nicht gelöst hätte, sollte man hier mit Prognosen sehr vorsichtig sein.

Die Vandalen waren in Andalusien, als sie von hier aus nach Africa blickten, in einer viel komfortableren Situation, als es die Goten an selber Stelle fünfzehn Jahre zuvor gewesen waren. Weder hatten sie Konkurrenten noch drohte ein römischer Angriff, sie mussten also nichts überstürzen. 425 unternahmen sie ihre erste Seefahrt, einen Beutezug auf die Balearen. Dann gelang ihnen die Eroberung von Cartagena, dessen Hafen ihnen Zugang zu Schiffen und zu maritimem Knowhow eröffnete. Bald danach wird man begonnen haben, die Überfahrtsmöglichkeiten und die Situation auf der afrikanischen Seite der Straße von Gibraltar, also in Mauretanien, zu erkunden. Um einen Interessensausgleich mit der romanischen Zivilbevölkerung Hispaniens und mit den römischen Städten, wie man ihn in Galicien versucht hatte, scherte man sich jetzt nicht mehr, im Gegenteil: Zwei Mal fielen die Vandalen über Sevilla her; auch und gerade die Kirchen waren das Ziel (bei der zweiten Plünderung, 428, starb König Gunderich, sein Nachfolger wurde sein 40jähriger Halbbruder Geiserich). Der Plan der Vandalen, Europa zu verlassen, war unübersehbar, und desto mehr verwundert es, dass ihm römischerseits nicht entgegengewirkt wurde. Aber welche realistischen Abwehrchancen hatten die Römer überhaupt? Strikte Verbote, den Barbaren Schiffsraum zur Verfügung zu stellen, wurden zwar erlassen, doch sie waren wirkungslos, wenn diese sich die Schiffe einfach nahmen. Für eine römische Flottenoperation hätte man wenigstens wissen müssen, wann die Überfahrt stattfinden sollte. Ein bewegliches römisches Heer in Hispanien, das die Vandalen noch einmal in Andalusien hätte attackieren können, gab es nicht mehr. Die gotischen Foederaten in Aquitanien waren dabei, sich den Befehlen des Imperiums zu entziehen, und ein heftiger Machtkampf zwischen römischen Generälen verhinderte, dass von der Zentrale aus wirksame Maßnahmen unternommen werden konnten. So blieb als einzige Möglichkeit die Selbstverteidigung Africas.

Tatsächlich nutzten die Vandalen ihre Zeit in Andalusien also sehr zielstrebig. Das Land ist übrigens der weit verbreiteten Legende von ‹Wandalusien› zum Trotz nicht nach ihnen benannt. Als die Mauren im 8. Jahrhundert ihre Eroberung als Al-Andalus bezeichneten, hatten sie keinen Grund, an die kurze Phase zu erinnern, in der die Vandalen hier das Sagen gehabt hatten. Für diese Gens selbst war jene Zeit jedoch zweifellos sehr wichtig, und dies nicht nur wegen der vor ihnen liegenden Aufgabe. Erstmals konnten sie nach langen Zeiten der Unsicherheit, der Niederlagen und der Flucht als Sieger agieren, weshalb sie sicher erheblichen Zulauf von Unzufriedenen, Versprengten und Gestrandeten erhielten, die sich anschlossen, um mit ihnen den Reichtum Africas zu genießen.

4. Ethnogenese und Christianisierung

Wie aber haben wir uns diesen Anschluss eigentlich vorzustellen? Auf irgendetwas oder irgendjemanden mussten die Neuzugänge sich wohl verpflichten oder gar schwören. Nach Lage der Dinge konnte das formell eigentlich nur der König sein, von dem wir ja wissen, welche besondere Stellung ihm gerade durch die Zeit der Wanderung, also durch Entscheidungen über Routen und Ziele, über Militäroperationen oder Verhandlungen und Abkommen in den vorhergehenden Jahrzehnten zugewachsen war. Es ist dennoch fraglich, ob die persönliche Autorität des Anführers allein ausreichte, um eine Gens zusammenzuhalten und zu vergrößern. Waren es vielleicht einfach die Zwänge eines ständigen Kampfes ums Überleben, konkret also die vielfältigen Gewaltakte, die dabei begangen oder auch erlitten wurden, die – gleichsam konzentriert in der Person des Königs – die Großgruppe zusammenschweißten?

‹Gewaltgemeinschaften›? Tatsächlich ist neuerdings in diesem Zusammenhang in der Forschung öfter von ‹Gewaltgemeinschaften› die Rede. Und es trifft ja zu, dass es für die Ernährung dieser Großgruppen notwendig war, immer wieder mit kriegerischer Gewalt Beute zu machen – sei es in direkter Form, sei es durch die gewaltsame Lösung der Landbevölkerung aus ihren bisherigen Herrschaftsverhältnissen, sodass man selbst nun die Überschüsse abschöpfen konnte. Der Begriff Gewaltgemeinschaft führt allerdings dann in die Irre, wenn man ihn als vollständige Beschreibung versteht. Denn er kann nur das jeweils aktuelle Vorgehen der Verbände erklären, nicht jedoch ihre Stabilität. Zwar ist durchaus möglich, dass sich Teile von ihnen abtrennten, es handelte sich dabei aber meist um kleine Minderheiten. Die meisten gentilen Großgruppen, die während der Völkerwanderungszeit unterwegs waren, wurden allgemein als stabil und kohärent wahrgenommen. Hätte es sich nur um Kriegerverbände (mit individuell wechselndem familiären Anhang) gehandelt, deren Kern allein das gewaltsame Beutemachen war, ließe sich diese Konstanz kaum erklären. Namentlich unter starkem äußeren Druck wäre dann ein Auseinanderbrechen dieser Einheiten zu erwarten gewesen (wie das in einer bezeichnenden Ausnahme, der Auflösung des sehr heterogenen Radagais-Heeres, auch der Fall war; Seite 22f.). Sicher, in bestimmten Situationen bot die Masse Schutz: Erst eine Zahl von mehreren tausend Kämpfern ermöglichte es überhaupt, einem römischen Heer Paroli bieten zu können. Aber nach einer Niederlage stellte die Situation sich sofort anders dar; denn in kleinen unabhängigen Gruppen bot man viel kleinere Angriffsflächen, musste weniger Menschen versorgen, konnte leichter entkommen.

Dennoch blieben die gentilen Verbände in der Regel zusammen – wenn es schlecht lief, bis zu ihrer Vernichtung. Die Alanen haben dieses Schicksal ebenso erlitten wie die silingischen Vandalen, und die Hasdingen sind ihm nur knapp entkommen. Nach diesen finalen Katastrophen schlossen sich die Überlebenden zwar anderen Gentes an (andere Optionen hatten sie ohnehin nicht), wir hören aber niemals davon, dass ein Großverband sich in Folge von Hunger, Krankheiten oder drohenden bzw. ersten Niederlagen gewissermaßen prophylaktisch auflöste. Dass die Gentes auch bis zum bitteren Ende zusammenblieben, wird heute wenig beachtet (wer möchte sich schon vorwerfen lassen, romantisierend und wie Felix Dahn im «Kampf um Rom» tragische Untergänge zu beschwören?); es widerspricht aber der Vorstellung, dass allein die profitable ‹Gewalt› sie im Kern zusammenhielt.

Vergangenheitsbezüge Wir müssen uns stattdessen einem Phänomen zuwenden, das leichter zu umschreiben als konkret zu benennen ist: der Bezug auf eine gemeinsame Vergangenheit. Dabei haben wir (wieder einmal) ein Quellenproblem: Für die Zeitgenossen war dieser Bezug, der ein entsprechendes Bewusstsein voraussetzt, kein eine Erörterung lohnendes Thema, sondern – wenn er vorhanden war – eine Selbstverständlichkeit.

Auch die Gentes selbst haben meist kaum etwas hinterlassen, was hier konkret verwertbar wäre. Namentlich dass die Überlieferung sich so stark auf den König oder den Heerführer (die Begriffe changieren) konzentriert, die Perspektive der Stammeseliten aber weitgehend beiseitelässt, behindert uns hier. Ganz ohne Zeugnisse sind wir aber nicht, jedenfalls wenn wir dieses Königtum nicht isoliert betrachten, sondern in seinen historischen Bezügen. Seine Existenzbedingung war es, anerkannt zu werden, was vor und – im Erfolgsfall – nach größeren Aktionen leicht möglich war; weniger leicht dagegen zu Beginn einer neuen Herrschaft, in den ‹Mühen der Ebene› oder nach Niederlagen. Dann brauchte es institutionelle Sicherungen, wie sie eine akzeptierte Nachfolgeregel, etablierte Formen der Repräsentation, fraglose Besitzrechte an symbolträchtigen Gütern oder auch eine religiöse Verankerung darstellten.

Es sollte nun nicht übersehen werden, dass all diese Stabilisatoren in sachlicher Hinsicht die Dimension der Vergangenheit brauchten, um in der Gegenwart und Zukunft wirken zu können, und in personeller Hinsicht einen unmittelbar adressierten Personenkreis, der sie effektiv machen konnte; in erster Linie dürften dies die Stammesaristokratie sowie die Familie und direkte Umgebung des Königs gewesen sein, die gentile Elite also, die den König und seine Stellung gegen Angriffe schützten, solange es möglich war. Tatsächlich gibt es einige Belege für die genannten Garanten von Stabilität, in der Welt der Gentes allgemein und auch bei den Vandalen. Mit der Thronfolge werden wir uns noch beschäftigen (Seite 58 f.). Auch auf den Schatz der Gens, der die materielle, aber auch die immaterielle Seite der Königsherrschaft verkörperte, wird noch einzugehen sein. Hier war nicht nur die Beute thesauriert, sondern auch das, was der König als Traditionsgut von seinem Vorgänger übernommen hatte. Erst wenn König, Elite und Schatz verloren waren, löste sich eine Gens in ihre kleineren Bestandteile, also in einzelne Familien und Kleingruppen, auf.

Dies bedeutet wohlgemerkt nicht, dass wir es hier mit jahrhundertelangen Traditionen zu tun haben, die eine Gens in solch langen Zeiträumen durchgehend definierten; es bedeutet auch nicht, dass es nicht gelegentlich größere Fluktuationen von Stammesangehörigen gab und nicht immer wieder Veränderungen der Stammesstruktur (etwa in Folge einer spontanen Aufwertung der Anführer durch Verträge mit dem Römischen Reich). Es bedeutet erst recht nicht, dass die Stammesangehörigen im Wesentlichen eine Abstammungsgemeinschaft bildeten. Umgekehrt ist dies aber auch nicht vereinbar mit der Vorstellung, die Gentes hätten sich ad hoc und spontan bei günstigen Gelegenheiten, die die Schwäche des Römischen Reiches bot, gebildet, und ihre Angehörigen habe nichts weiter verbunden als der gemeinsame Vorteil. Wir müssen vielmehr beide Prinzipien, das einer permanenten Genese und das einer historischen Tradition, miteinander verknüpfen.

Wenn das, was als Vergangenheitsdimension von König, Königsschatz und Elite beschrieben wurde, konkreter gefasst werden soll, wird es allerdings schwierig. Zwar kann man einzelne Elemente nennen, es ist aber kaum möglich, sie genau zu bestimmen und zu gewichten. Sicher gehörte ein sprachliches bzw. dialektales Element dazu, ebenso auch ein religiöses. Beide bildeten aber keine scharfen Trennlinien; die Sprachen etwa von Goten und Vandalen hatten starke ‹ostgermanische› Übereinstimmungen, alle aus dem Osten kommenden Germanenstämme waren irgendwann christianisiert worden und von den Christen der katholischen Reichskirche konfessionell getrennt durch den «arianischen» Streit über die Wesensgleichheit von Gott Vater und Jesus Christus. Zwar beinhalteten diese Gemeinsamkeiten auch Differenzen, da das Gotische durchaus verschiedene Ausprägungen aufwies und die Gentes bald nach der Christianisierung voneinander unabhängige Kirchenstrukturen ausbildeten (Seite 61 f.); aufs Ganze gesehen waren diese Unterschiede aber wohl zu gering, als dass sie distinkte Identitäten hätten schaffen können. Hierfür war also anderes wichtiger, nämlich, wie wir gesehen haben, die (mehr oder weniger) konkrete gemeinsame, jedenfalls in der Gens als verbindend wahrgenommene Geschichte. Aber was wurde dabei auf welchen Wegen überliefert? Über Vermutungen kommt man hier nicht hinaus. Im Wesentlichen handelte es sich um mündliche Traditionen, was ihre Reichweite stark einschränkte, die sich im Einzelfall jedoch durchaus mit realen Gegenständen verknüpft haben können. Vorstellbar sind überlieferte Erzählungen und Lieder (nicht nur, aber sicher auch den Ursprung der Gens betreffend), ebenso wie Regeln des Zusammenlebens auf den verschiedenen sozialen Ebenen. Schon vor langer Zeit wurde dafür der Begriff «Traditionskern» geprägt (Wenskus), den man natürlich – wie alle prägnanten Vergleiche – auch missverstehen kann, etwa in dem Sinn, dass dieser Kern unveränderbar gewesen sei; aber das ist damit nicht gesagt.

Wenn wir, wie hier vorgeschlagen, die (wohlgemerkt prozesshafte) Ethnogenese an Elemente der Tradition und der gemeinsamen Geschichte binden, heißt das gerade nicht, dass sie irgendwann abgeschlossen war; die historische Dimension machte aus ihr vielmehr eine wechselvolle, auf mehreren Faktoren beruhende Entwicklung, bei der die ‹geschichtsträchtige› Umwelt, also das Imperium Romanum, eine wichtige Rolle spielte, die auch aktiv gestaltet werden konnte. Diese Dynamik verhinderte eine sachliche Definition der ‹Ethnizität› und beförderte die Personalisierung der Zugehörigkeit. Der Beitritt zu einer Gens geschah – um zur Ausgangsfrage dieses Kapitels zurückzukommen – nicht als Verpflichtung auf verschiedene Traditionselemente, sondern mit Blick auf den König, der ihren Zusammenhang verkörperte. Dies machte einen solchen Anschluss keineswegs zur Formsache, wohl aber sehr flexibel. In einem Punkt allerdings sind unsere Quellen für die Vandalen in Africa eindeutig: Wer hier dabei sein wollte, musste sich dem sogenannten arianischen Bekenntnis anschließen. Es kennzeichnet nun aber die eben beschriebene Flexibilität, dass gerade dieses Kriterium erst kurz zuvor entstanden sein kann.

Christianisierung. Das Christentum der Vandalen verband sie, wie oben erwähnt, mit anderen Gentes. Aber wann und wie sind sie in Kontakt mit dieser Religion gekommen? Wir haben scheinbar widersprüchliche Nachrichten davon. Klar ist, dass die Vandalen, als sie Africa eroberten, bereits Christen waren und noch dazu davon überzeugt, dass ihnen das Land von Gott selbst in die Hand gegeben sei. Überliefert ist außerdem, dass sie, wie Salvian in seiner Schrift «Die göttliche Weltenlenkung» berichtet, in der Entscheidungsschlacht von 422 gegen Castinus ihre Heilige Schrift wie einen Talisman vorangetragen haben (7,46). Der ebenfalls zeitgenössische Orosius bezeichnet die Vandalen jedoch in Galicien als Heiden (3,20,6–7). Wir haben keinen Anlass, an der einen oder anderen Aussage zu zweifeln. Meist nimmt man heute an, dass die Vandalen in Hispanien durch die Westgoten christianisiert worden seien. Aber wie kann das in wenigen Jahren geschehen sein, und wie soll man sich überhaupt derartige Kontakte vorstellen in einer Zeit, in der das westgotische Heer die Vandalen tödlich bedrohte?

Viel wahrscheinlicher ist, dass einige Vandalen das Christentum noch im 4. Jahrhundert und bereits in Mitteleuropa angenommen hatten, und dabei liegt nahe, dass die benachbarten Goten es vermittelt hatten, in der theologischen Ausrichtung, in der sie selbst es von Missionaren aus dem östlichen Imperium übernommen hatten: geprägt von einem auf den Presbyter Arius zurückgehenden hierarchischen Verständnis der Trinität (nur Gott Vater ist ewig, der Sohn dagegen sein Geschöpf, der Geist ist Diener des Sohnes). Arius' Lehre wurde auf dem ersten ökumenischen Konzil von 325 in Nizäa als häretisch verurteilt und von ihren Gegnern dann – wie üblich nach ihrem Vordenker – als «arianisch» klassifiziert, unabhängig von Veränderungen und Differenzierungen, die sie im 4. Jahrhundert erlebte. Die Goten und dann die Vandalen haben sie freilich nicht als Häresie, sondern als gültige Lehre kennengelernt, wie sie im Ostreich vorherrschend war. Der bekannteste Vermittler ist der ‹Gotenapostel›, Bischof und Bibel-Übersetzer Wulfila. Als sich dann im Römischen Reich unter Kaiser Theodosius I. (379–395) die nizänische Theologie durchsetzte, war damit ein – zunächst allseits ungewollter – konfessioneller Gegensatz etabliert.

Dieser gewann jedoch sehr schnell politische Bedeutung: Theodosius war es ja, der wegen des Zusammenbruchs der Donaugrenze (nach der Schlacht von Adrianopel im Jahre 378) gezwungen war, eingedrungene gotische Verbände durch Bündnisse zu Foederaten zu machen (Seite 19), und zwar unter der neuen Bedingung, dass sie im Inneren ihrer Verbände vollkommen autonom sein und ihre eigenen Gesetze behalten durften. Hierzu gehörte auch ihr religiöses Bekenntnis, das auf diese Weise nun die Dimension der machtpolitischen Selbstbehauptung hinzugewann. Angesichts des zeitweise höchst angespannten Verhältnisses zur römischen Zentralgewalt war es den Goten wichtig, auch auf diesem Feld Eigenständigkeit zu bewahren.

Dabei darf nicht übersehen werden, dass die Christianisierung der Goten nicht konfliktfrei vonstattengegangen war. Sie erfolgte in sozialer Hinsicht von unten nach oben, d. h., es gab zunächst heftige Abwehrreaktionen der gotischen Oberschicht, und es kam mehrfach zu Christenverfolgungen. In dieser Phase, bis zur Mitte der 370er Jahre, waren Goten und Vandalen Nachbarn, sie sprachen eine sehr ähnliche Sprache, und es gab vielfältige Kontakte. Dass damals auch christliche Goten zu den Vandalen kamen, liegt also nahe, und anzunehmen ist ebenfalls, dass es bei ihnen gleichermaßen nicht die Führungsschicht war, die bereit war, den neuen Glauben anzunehmen. Bald darauf endete die unmittelbare Nachbarschaft von Vandalen und Goten, und wir können vermuten, dass es noch im 5. Jahrhundert bei den nach Westen gewanderten Vandalen sowohl Christen als auch Nichtchristen gab; letztere dominierten wahrscheinlich weiterhin in der Oberschicht und im Königshaus. Dies würde erklären, warum Orosius die Gens als heidnisch bezeichnet.

Irgendetwas aber muss, wenn man dieser Interpretation folgt, in Hispanien geschehen sein, was Elite und König gewissermaßen mit einem Schlag vom Christentum überzeugte. Hier bietet sich nun tatsächlich die Schlacht gegen Castinus im Jahre 422 an, von der Salvian nicht nur sagt, dass die Vandalen sie gleichsam mit der Bibel in der Hand begannen, sondern auch, dass Furcht und völlige Verwirrung sie zu dieser Devotion gebracht hätten. Tatsächlich war damals ihre Lage eigentlich aussichtslos, sie hatten den sicheren Untergang vor Augen, und es ist gut vorstellbar, dass sich der König und mit ihm die Elite in dieser Situation entschlossen, ihr Schicksal in die Hand des Gottes zu legen, den ein Teil ihres Stammes bereits verehrte. Bei einem solchen Szenario wäre es dann nicht unverständlich, dass nach dem Sieg die wider Erwarten errettete Gens als ganze den neuen Glauben annahm und mit dem Gefühl einer besonderen göttlichen Erwählung verband. Zwar waren auch die Gegner Christen, Castinus und sein Heer gehörten jedoch zur ‹katholischen› Reichskirche, und dieser Unterschied hatte somit das Potential, eine Bedeutung zu bekommen, die weit über eine Bekenntnisdifferenz hinausging.

Vielleicht wird man es verwunderlich finden, dass wir über diese Schlacht, die nicht nur große machtpolitische Bedeutung hatte, sondern, wenn unsere Rekonstruktion zutreffend ist, auch die schnelle Christianisierung der Vandalen insgesamt bewirkt hat, so wenig in den Quellen erfahren. Aber wir müssen bedenken, dass sich römische Autoren vor allem für den drohenden Verlust Africas interessierten, und was die Vandalen sich über ihre Errettung erzählten, ist nicht überliefert. Warum dies aber in den hundert Jahren der afrikanischen Vandalenherrschaft auch keine einzige in ihrem Dienst verfasste lateinische Quelle tradierte, ist eine Frage, die uns noch beschäftigen wird (Seite 72).

5. Der Einfall in Africa und die römische Gegenwehr bis zur Eroberung Karthagos (429–439)

Die Straße von Gibraltar. Da römische Verteidiger Africas, wie wir gesehen haben, nicht vor Ort waren und andere Gentes ihnen nicht mehr gefährlich werden konnten, war das Meer der Hauptgegner der Vandalen bei der Überfahrt. Darauf aber hatte man sich offenbar gut vorbereitet. Im Mai 429 überquerte König Geiserich mit seiner gesamten Gens (Vandalen und alle, die dazugehören wollten) die Straße von Gibraltar. Rund 80 000 Menschen waren es – «Alte, Junge und Kinder, Sklaven und Herren» (Victor von Vita 1,2) –, die damals verschifft wurden, wahrscheinlich von mehreren Orten aus (die Häfen von Tarifa und Algeciras boten sich an, wie dies auf afrikanischer Seite die von Tingis, heute Tanger, und Septem, heute Ceuta, taten). Und die je nach Route zwischen ca. 15 und 30 km lange Überfahrt gelang.

Die Provinz Mauretania Tingitana gehörte verwaltungstechnisch zu Hispanien, weshalb anzunehmen ist, dass Castinus, als er 422 alle Kräfte zusammenzog, um die Vandalen niederzuwerfen, auch die beweglichen Einheiten dieser Provinz übergesetzt – und später mit nach Italien genommen hatte. Geiserich musste jedenfalls nicht befürchten, dass nach der Überfahrt in Africa eine römische Armee auf ihn wartete. Sein Ziel war ohne Zweifel der reiche und fruchtbare Ostteil Africas, also die damaligen Provinzen Numidia und Africa Proconsularis, ein ca. 200 km breiter Küstenstreifen des heutigen westlichen Algeriens und Tunesiens (Karte 1). Vor den Vandalen lag also, da eine Schiffsfahrt nicht realistisch war, eine Wegstrecke von ca. 2000 km, was mit der überlieferten Zeitspanne, nach der sie tatsächlich in Hippo Regius (heute Annaba) auftauchten, nämlich nach dreizehn bis vierzehn Monaten, durchaus zusammenpasst. Zu-

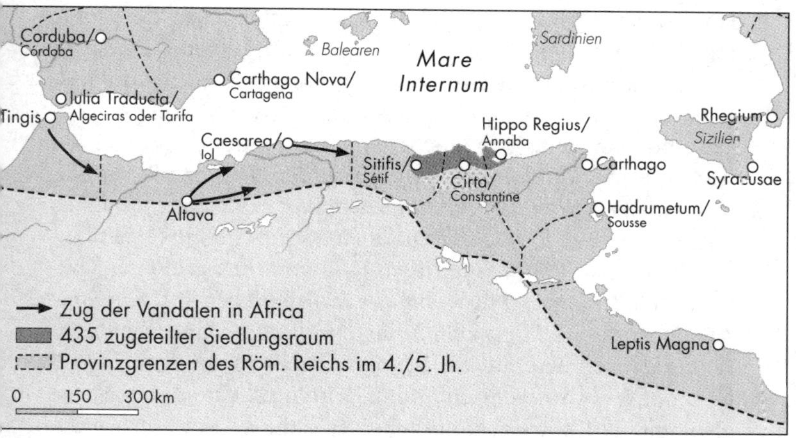

Karte 4: Der Vandalenzug in Africa und die Ansiedlung von 435

nächst nutzte man die Straßenverbindung über Altava im Landesinnern, später auch Küstenstraßen (Karte 4).

Der Zug durch Africa. Das große Unternehmen, tausende Menschen quer durch den Maghreb zu bringen, konnte nur gelingen, wenn es systematisch organisiert war. Sicherlich ist man dabei in festgelegten und überschaubaren Gruppen gezogen. Eine Einteilung in Tausendschaften ist später tatsächlich überliefert, wovon es also 80 gegeben haben dürfte, was freilich nicht ausschließt, dass man sich gegebenenfalls, etwa um Gegenwehr leistende Städte zu erobern, zeitweise wieder vereinigte. Denn auf 1000 Menschen kamen, den damals üblichen Verhältnissen entsprechend, nicht mehr als 200 bis 250 Kämpfer. Das Heer der Vandalen konnte so insgesamt eine Stärke von 15 000–20 000 Mann erreichen. Diese Zahl versetzte sie zwar nicht in die Lage, gut ausgebaute Verteidigungsanlagen zu brechen; zu ihrem Glück waren die vorhandenen Befestigungen aber hauptsächlich darauf ausgelegt, kleinere Überfälle der Maurenstämme des Hinterlandes abzuhalten. Dies gilt auch für die reicheren Orte an der Küste, auf deren Vorräte und Schätze man es natürlich besonders abgesehen hatte. Selbst die größte Stadt Mauretaniens, Caesarea (heute Iol), fiel ihnen zum Opfer.

Die Quellen sprechen von brutalen Grausamkeiten, von massiven Zerstörungen und Terrorisierungen während dieses Zuges, und man sollte ihnen nicht gänzlich misstrauen. Zum einen war es für die Vandalen lebenswichtig, den Widerstand der einheimischen Bevölkerung zu brechen; nur so konnten sie sich selbst versorgen. Zum anderen war seit ihrem gewaltsamen Einbruch in Africa klar, dass es irgendwann zu einer größeren Konfrontation kommen würde, bei der ihr Überleben auf dem Spiel stünde. Es bestand also kein Anlass, vorher irgendwelche Rücksichten zu nehmen und die Besiegten nicht so gewinnbringend wie möglich auszupressen. Zum Dritten scheint es auch eine ideologische Komponente gegeben zu haben. Denn die Vandalen zeigten sich überzeugt, dass niemand Geringeres als Gott selbst sie als neue Besitzer Africas auserwählt habe, was für die Basiliken und Klöster der afrikanischen Kirche nichts Gutes bedeuten konnte. Wenn sich religiöses Sendungsbewusstsein der Vandalen und schnelle, rücksichtslose Plünderungen verbinden sollten, brauchte es eine sehr klare Distanzierung von der Kirche der Gegenseite, die ‹passenderweise› in letzter Zeit zu einem tragenden Strukturelement der romano-afrikanischen Gesellschaft geworden war. Gewalttaten bekamen vor diesem Hintergrund eine zusätzliche Funktion und Legitimation.

Bonifatius und die Vandalen. Je näher die Vandalen an die afrikanischen Kernlande mit ihren reichen Siedlungen und Städten, den fruchtbaren Getreidefeldern und ausgedehnten Ölbaumkulturen herankamen, desto näher rückte auch die Konfrontation mit der römischen Militärmacht in Africa. Ihr Feldherr war der Heermeister Bonifatius. Er kann insofern mit Gerontius, dem gescheiterten Verteidiger Hispaniens, verglichen werden, als auch er sich mit seinen ‹Vorgesetzten› überworfen hatte, und es ist kein Zufall, dass ihm spätere Quellen einen ganz ähnlichen Verrat vorwerfen: Bonifatius habe die Vandalen ins Land gerufen, um sich mit ihrer Hilfe gegen seine römischen Gegner zu verteidigen. Die Parallelität dieser Anschuldigungen lässt sich darauf zurückführen, dass sich weströmische Heermeister immer wieder der Hilfe barbarischer Kämpfer bedienten (ihr Geschick dabei gehörte zu ihren Kernkompetenzen), dass des Weiteren ihr permanenter Konkurrenzkampf den Vorwurf, sie hätten dabei nur ihr eigenes Wohl, nicht aber das des Reiches im Sinn, fast zwangsläufig hervorbrachte und dass schließlich die schweren Schläge, die der Verlust großer Teile Hispaniens und dann Africas dem Imperium versetzten, im Nachhinein die erfolglosen Verteidiger persönlich anzuklagen schienen.

Auch in diesem Falle ist der Vorwurf des Verrates, der nicht von Zeitgenossen, sondern erst Generationen später erhoben wurde, jedoch wenig plausibel. Bonifatius brauchte schon 427 die Hilfe auswärtiger Soldaten – und er dürfte, wie ein Eintrag des Chronisten Prosper nahelegt, Goten geholt haben –, um sich gegen das ebenfalls gotische Heer des Generals Sigisvult zur Wehr zu setzen, der von Ravenna geschickt worden war, um ihn auszuschalten. Die beiden Gegner hielten es dann aber für vorteilhafter, ihre Truppen nicht in einer Schlacht aufs Spiel zu setzen, sondern längere Zeit zu taktieren. In dieser Situation kamen die Vandalen nach Africa. Wenn Bonifatius sie gerufen hätte, hätte er jetzt mit ihrer Unterstützung die Entscheidung herbeiführen können. Nichts dergleichen ist jedoch bezeugt. Statt anzunehmen, dass alles Wichtige im Geheimen verhandelt und nicht überliefert wurde, ist es viel naheliegender, in der Geschichte vom Verrat des Bonifatius eine spätere Konstruktion zu sehen. Sie ergibt ohnehin erst dann Sinn, wenn man die Ereignisse aus großem Abstand betrachtet und das halbe Jahrzehnt nach 429 zu einem einzigen Ergebnis kontrahiert: ‹Die Vandalen kommen nach Africa und setzen sich fest›.

Die konkreten Geschehnisse jedoch liefen bei weitem nicht so schnell und gradlinig ab. Bonifatius kämpfte, nachdem er sich 429 mit Ravenna wieder versöhnt hatte, mit allen ihm zur Verfügung stehenden Mitteln gegen die Vandalen, und er war nicht völlig erfolglos. Erst als er und die Verteidiger Africas abgezogen wurden, hatten die Vandalen freie Bahn. Sie errangen keinen leichten und schnellen Sieg, sondern hatten zunächst durchaus zu kämpfen. Es gab auch keine spektakuläre plötzliche Schwäche des römischen Militärs, für die versteckte Gründe gesucht werden müssten. Die Kontrahenten agierten vielmehr im Rahmen ihrer Möglichkeiten.

Die römische Verteidigung. Auf römischer Seite gab es zum einen lokale Grenzsoldaten (zuständig für die Abwehr einfallender Räuberbanden und maurischer Stammesgruppen), die gegen ein großes Heer wie das der Vandalen auf gänzlich verlorenem Posten standen oder gestanden hätten – tatsächlich wissen wir nicht, ob sie überhaupt kämpften. Zum anderen gab es das von Bonifatius befehligte Bewegungsheer, das jedoch in den vorhergehenden Jahrzehnten immer mehr ausgedünnt worden war. Der chronische Soldatenmangel und innenpolitische Konflikte im Reich (Seite 19) hatten dazu geführt, dass Generäle von Standorten, wo keine starken auswärtigen Gegner zu erwarten waren, Truppen abzogen und für ihre eigenen Zwecke verwendeten. Dennoch werden noch einige tausend Mann in Africa gestanden haben, und Bonifatius hatte sich schließlich kurz zuvor mit neuen Hilfstruppen versorgt. In einer offenen Feldschlacht musste er allerdings fürchten, von den vandalischen Reitern überflügelt zu werden. Auf der anderen Seite hatten die Vandalen zwar eine größere Zahl von Kämpfern, jedoch kaum taktische Erfahrung. Hinzu kam die Schwierigkeit, auch Kinder, Frauen und Alte ernähren und auf Lagerplätze sowie Weidegründe Rücksicht nehmen zu müssen, und dies alles in einem fremden Land. Ein weiterer schwerer Nachteil war die Unfähigkeit, gut befestigte Städte fachgerecht zu belagern, die dazu führte, dass die Vandalen weder Cirta (heute Constantine), die Hauptstadt Numidiens, noch Hippo Regius, geschweige denn Karthago in ihre Gewalt bringen konnten, was wiederum bedeutete, dass sie mit diesen feindlichen Städten im Rücken in ihrer Bewegungsfreiheit noch stärker eingeschränkt waren.

Die Vandalen zogen, wie oben erwähnt, sicher nicht im großen ‹Pulk› an der nordafrikanischen Küste entlang, sondern in lockerer Aufteilung, und die einzelnen Gruppen dürften sich, wenn es die Lebensmittelversorgung, die Sicherheitslage und die Geographie erlaubten oder erforderten, auch weiter voneinander entfernt haben. In Numidien jedoch, wo man sich stark befestigten Städten und vor allem dem Heer des Bonifatius näherte, muss sich die Gens wieder konzentriert haben. Dass der General den Eindringlingen nicht weit nach Westen entgegengezogen war, hatte gute Gründe. Sein Heer war zahlenmäßig unterlegen, und eine Niederlage hätte das Herzstück Africas schutzlos gemacht. Als sich die Vandalen jedoch der berühmten Hafenstadt Hippo Regius, der nach Karthago zweitgrößten Stadt Africas, näherten, musste er aktiv werden und stellte sich zum Kampf. Er wurde geschlagen und zog sich im Juni 430 hinter die Mauern der Stadt zurück, deren Bischof damals der 75-jährige Augustinus war, bereits zu Lebzeiten der berühmteste und gelehrteste Kirchenmann Africas. Die Vandalen schlossen die Stadt mehrere Monate lang ein, sogar vom Meer aus – in den bisher eroberten Hafenstädten hatten sie auch Schiffe in ihre Gewalt gebracht –, konnten sie aber nicht einnehmen. Ein Teil der Krieger dürfte schon damals weiter nach Süden ausgeschwärmt sein; nur in der hochgelegenen Stadt Cirta fand man Widerstand, der nicht zu brechen war.

Im Römischen Reich scheint erst nach der Niederlage des Bonifatius der ‹Alarm› wirklich durchgedrungen zu sein, und zwar nicht nur in Ravenna (wo man kaum Möglichkeiten hatte, zu helfen), sondern auch in Konstantinopel. Dort beschloss man, dem Westen zu Hilfe zu kommen, und eine byzantinische Flotte landete unter General Aspar in Karthago. Dadurch wurde die Situation der Belagerer Hippos schwierig, da sie nun damit rechnen mussten, von zwei Seiten angegriffen zu werden. Nach 14 Monaten zogen sie sich unverrichteter Dinge von Hippo zurück, was Bonifatius und seinen dort bislang blockierten Truppen neuen Spielraum eröffnete. Augustinus war schon in den härtesten ersten Monaten der Belagerung gestorben, am 28. August 430, und diese dramatische Konstellation – die Vandalen belagern draußen die Stadt, deren berühmter Bischof und später Heiliger drinnen mit dem Tod ringt – hat die Wahrnehmung der Gesamtsituation bis heute verzerrt. Im Rückblick schienen und scheinen der Tod des Kirchenvaters und das Ende seiner Stadt geradezu zusammenzufallen, wie überhaupt die Phase der Eroberung, wie bereits erwähnt, vom Ergebnis her zu einer schnellen Erfolgsgeschichte kontrahiert wurde. In Wahrheit mussten die Vandalen in den folgenden Jahren nicht nur auf Hippo verzichten (und haben nicht einmal versucht, Karthago zu erobern), sie hatten sich auch in offenen Gefechten mit Aspars und wohl auch Bonifatius' Truppen auseinanderzusetzen, die allerdings zu schwach waren, um ihnen ernsthaft gefährlich werden zu können. Es herrschte eine Art Patt.

Die Entscheidung. Es scheint jedoch, dass es gerade die Anwesenheit Aspars war, die Ravenna bzw. der Kaisermutter Galla Placidia eine für Africa fatale Entscheidung nahelegte. Anstatt Bonifatius mit weiteren Truppen zu stärken, rief man ihn nach Italien zurück. Hintergrund war wieder ein innerrömischer Machtkampf, diesmal zwischen Galla Placidia und dem General Aëtius, der zu erfordern schien, dass Bonifatius auch seine Truppen aus Hippo Regius mitbrachte. Ob man in Ravenna glaubte, Aspar würde doch noch siegen oder die Vandalen zumindest noch lange in Schach halten können, wissen wir nicht. In Konstantinopel jedenfalls hielt man seine Mission im Jahr 434 für beendet und zog ihn ab. Höchstwahrscheinlich hat er dies selbst betrieben. Es ist schwer vorstellbar, dass er sich dabei über die Folgen nicht im Klaren war. Offenbar hatte man sich zumindest in Konstantinopel an die Präsenz der Vandalen in Africa gewöhnt, war jedenfalls nicht bereit, große Anstrengungen zu unternehmen, um diesen Zustand zu beenden. Hatten nicht die letzten Jahre gezeigt, dass die Eindringlinge keinesfalls in der Lage waren, ganz Africa zu kontrollieren? Ravenna war jedenfalls machtlos und musste die Realitäten akzeptieren, was bedeutete: ihnen eine vertragliche Anerkennung (*foedus*) gewähren und ihnen ein kleineres Gebiet überlassen. Unattraktiv durfte dies nicht sein, zugleich war aber eine ausreichende Entfernung von Karthago und von seinem fruchtbaren Hinterland wichtig.

Die Vandalen als Foederaten. Nach Lage der Dinge bot sich Hippo Regius als Hauptstadt der frisch gebackenen Foederaten an: eine Stadt, die sie bereits, wohl 434, in Besitz genommen hatten, nachdem nicht nur Bonifatius und seine Soldaten, sondern auch alle Römer, die es sich leisten konnten (übrigens wahrscheinlich auch Augustinus' berühmte Bibliothek), sie verlassen hatten. Anfang 435 wurde der Vertrag von einem Bevollmächtigten Ravennas in Hippo Regius unterzeichnet, und Geiserich hatte ein wichtiges Ziel erreicht: Er war erstmals offiziell anerkannt, wenn auch nur als Gehilfe des Reiches, nicht etwa als autonomer Herr seines Gebietes. Obwohl er sich aus der Proconsularis fast gänzlich zurückziehen musste, durfte er hochzufrieden sein. Seine Vandalen konnten erstmals mit einer dauerhaften und auskömmlichen Versorgung durch römische Bodenerträge rechnen, da ihnen nun das gehörte, was früher aus ihrem Gebiet als Steuergetreide in die Zentrale geflossen war.

Die Verbindung mit den Goten. Die langen Jahre als ‹Outlaw› im Römischen Reich hatten Geiserich gelehrt, misstrauisch zu bleiben. Hoffte Westrom vielleicht nur, die eingedrungenen Barbaren in Sicherheit wiegen zu können? Es gab vor allem einen Gegner, den er fürchten musste: die gotischen Foederaten in Gallien. Sicher hatte er nicht vergessen, dass sie die größere Hälfte der Vandalen in Hispanien vernichtet hatten und dass die Hasdingen nur dadurch gerettet worden waren, dass Ravenna seine mit Misstrauen betrachteten gotischen Verbündeten von Africa fernhalten wollte, was dann sie selbst, die eigentlich viel Schwächeren, ausnutzen konnten. In dieser Situation war es beruhigend, dass die Goten unter ihrem König Theoderid dem Reich in den 430er Jahren faktisch den Gehorsam aufkündigten. Zwischen Vandalen und Goten, die sich zu dieser Zeit in einer vergleichbaren Lage befanden, scheint sich sogar eine Art Allianz entwickelt zu haben, die auch den gotischen Spielraum erweiterte: Man griff sogar nach der Stadt Narbo (heute Narbonne) und damit nach einem Zugang zum Mittelmeer.

Die Eroberung Karthagos (439). Die Vandalen beendeten die Phase ihrer erst kürzlich begonnenen römischen Dienstbarkeit am 19. Oktober 439 mit einem Paukenschlag: Sie eroberten im

Handstreich die offenbar nichts ahnende Hauptstadt Karthago. Zu größeren Zerstörungen ist es dabei allem Anschein nach nicht gekommen (Seite 76). Damit war Geiserich plötzlich wieder zum Reichsfeind geworden. Dieses Vorgehen des Königs, der sich der stark befestigten Stadt wahrscheinlich unter dem Deckmantel des Bündnisses genähert hatte, war nicht ohne Risiko. Bislang hat sich die Forschung mit der Begründung begnügt, Geiserich habe einfach eine sich bietende Chance erkannt und darauf gesetzt, ungestraft davonzukommen. Wenn man jedoch die Geschehnisse nördlich des Mittelmeers miteinbezieht, ergibt sich eine plausiblere Erklärung. Kurz zuvor hatte nämlich der römische Heermeister Aëtius die Goten mit militärischer Überlegenheit in ein Bündnis zurückgezwungen. Geiserichs Abmachungen mit ihnen waren dadurch hinfällig, und er dürfte sich plötzlich wieder isoliert und akut gefährdet gefühlt haben. In dieser Situation schien es dem Vandalenkönig sinnvoll, wenn er schon in Africa wieder in Gefahr geraten würde, dann hier auch die machtpolitisch beste Position zu gewinnen, Vertrag hin oder her.

Falls diese Rekonstruktion das Richtige trifft, lässt sich auch eine andere – bislang undatierte – Überlieferung in diesen Kontext einordnen: Jordanes' Gotengeschichte (184) können wir nämlich entnehmen, dass Geiserichs Sohn Hunerich für kurze Zeit Schwiegersohn des Gotenkönigs Theoderid war, bevor die nach Africa gekommene gotische Prinzessin beschuldigt wurde, einen Mordanschlag auf ihren Ehemann geplant zu haben, woraufhin Geiserich sie schändlich verstümmeln ließ und zu ihrem Vater nach Toulouse zurückschickte. Warum aber sollte Geiserich mit dieser Aktion jegliche Verbindung zu den Goten derartig brutal gekappt haben, wenn er nicht sicher zu sein glaubte, dass sie (erneut) zu gefährlichen Widersachern geworden waren? Jedenfalls herrschte zwischen Vandalen und Goten anschließend wieder Feindschaft.

6. Geiserich und sein Königreich in Africa (439–477)

Geiserich hatte sich Karthagos nicht bemächtigt, um die Stadt zu plündern oder gar in Schutt und Asche zu legen, sondern um ihre strategischen Vorteile zu nutzen und um hier zu residieren. Es kam deshalb nur zu sehr begrenzten Zerstörungen, die demonstrativen Charakter gehabt zu haben scheinen (Seite 53). Naheliegenderweise wurden einige Paläste der römischen Oberschicht (allen voran die Residenz des Prokonsuls, des früheren Provinzchefs, auf der Byrsa, dem Stadthügel von Karthago) von der neuen Elite und der vandalischen Königsfamilie okkupiert. Von den repräsentativen Qualitäten Karthagos abgesehen, hatten die Vandalen jetzt aber nicht nur die bestbefestigte (die Mauern waren erst wenige Jahre zuvor restauriert worden) und größte Stadt Africas – eine Großstadt auch nach heutigen Kriterien – in ihrem Besitz, sondern auch die seit der punischen Zeit berühmten Hafenanlagen mit Werften und Schiffen. Vor allem aber hatten die Vandalen auf einen Schlag mit Karthago auch die gesamte Proconsularis in der Hand, die «Seele des römischen Staates», wie ein Zeitgenosse klagte, der dabei sicher vor allem an das Steueraufkommen dachte.

Geiserich musste folglich damit rechnen, dass die auf diese Weise Beraubten versuchen würden, ihm seine Beute streitig zu machen. Vor diesem Hintergrund ist eine Reihe von Plünderungsfahrten zu sehen, die er schon im nächsten Jahr mit den gewonnenen Schiffen nach Sizilien, Sardinien und Süditalien unternahm, mit denen er die dem Westreich noch verbliebenen Getreidelieferanten attackierte – weniger um sich an diesen Küsten festzusetzen, als um die Römer von einem Angriff auf Africa abzuhalten. Tatsächlich blieb Ravenna nichts anderes übrig, als erneut den Ostkaiser um Hilfe zu bitten, der den wortbrüchigen Vandalenkönig nun endlich mittels einer großen Flottenoperation niederwerfen wollte. Die byzantinischen Kriegsschiffe, die sich im Sommer 440 auf Sizilien sammelten, waren der vandalischen Marine hoch überlegen, aber sie blieben monatelang in den Häfen und kosteten Geld, ohne zum Einsatz zu kommen. Hierfür kann nur die militärische Führung verantwortlich gewesen sein. Weshalb Aspar, der starke Mann im oströmischen Heer, die Vandalen verschonte, wissen wir nicht. Er scheint seine eigene Politik gemacht zu haben, die vom kaiserlichen Willen, das Gesamtreich zu stabilisieren, ziemlich unabhängig war. Schon in den frühen 430er Jahren hatte er ja als Kommandeur in Africa erkennen lassen, dass er sich mit den Vandalen durchaus arrangieren konnte, selbst wenn das Westreich dadurch massiv geschwächt wurde. Auch der Kaiser des Ostreichs war von seinen Generälen abhängig. Diese konnten im nächsten Jahr sogar darauf hinweisen, dass man das Militär selbst brauche, um sich gegen Hunnen und Perser zu verteidigen. Die Schiffe wurden abgezogen, und die Vandalen blieben unbehelligt.

Der Vertrag von 442. Dem Westkaiser blieb nun schmählicherweise nichts anderes übrig, als Geiserichs Eroberung anzuerkennen, um zu einer Abmachung zu kommen, die dem Reich wenigstens noch einen Teil des afrikanischen Provinzialgebietes und die Aussicht auf entsprechende Steuereinnahmen beließ. Mit einem Vertrag, der die Vandalen wie 435 mit gewissen Aufgaben für den Kaiser beauftragt und dafür entlohnt hätte, war es nun aber nicht mehr getan. Geiserich konnte viel mehr verlangen, nämlich dass sein Königreich als autonom anerkannt wurde. Africa wurde jetzt regelrecht geteilt, die Vandalen erhielten die fruchtbaren Kerngebiete, der Kaiser behielt immerhin das westliche Numidien mit der Hauptstadt Cirta und die mauretanischen Provinzen, wohl auch Tripolitanien (Karte 5).

Dass Geiserich sich bereit erklärte (oder verpflichtete), mit den Erträgen seines neuen Territoriums die Getreideversorgung Roms zu unterstützen, konnte den Verlust des direkten Zugriffs auf den Reichtum des Landes nicht aufwiegen, auch wenn der König bereit war, seine Vertragstreue dadurch abzusichern, dass

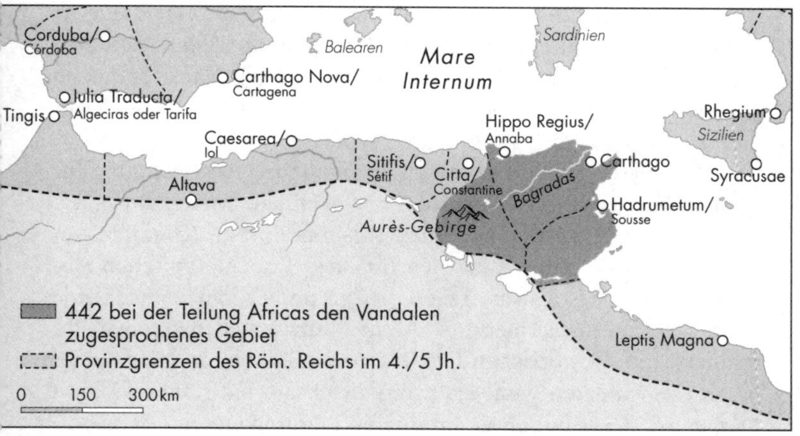

Karte 5: Das Vandalenreich nach dem Vertrag von 442

er seinen Sohn Hunerich als Geisel nach Ravenna schickte. Das *Regnum Vandalorum* war durch diesen Vertrag von 442 zu einem unabhängigen, mit Westrom offiziell befreundeten Staat geworden. Geiserich hatte in der Folgezeit keinen Grund, seinen Lieferpflichten nicht nachzukommen, zumal er sich die Produkte sicher bezahlen ließ.

Im Siedlungsland der Vandalen nahm er dagegen keinerlei Rücksicht auf die frühere römische Herrschaft. Dies zeigt schon die neue Zeitrechnung, die er einführte: Sie begann mit dem 19. Oktober 439, dem Tag, an dem er in Karthago eingedrungen war. Er wurde zum Anfang einer neuen Ära: Jahr 1 der Königsherrschaft Geiserichs. Die alten Besitzverhältnisse in der Proconsularis wurden nun radikal aufgelöst und das fruchtbare Land unter den vandalischen Kriegern neu verteilt.

Dieser Selbstherrlichkeit im Innern stand jedoch eine zurückhaltende, ja geradezu ehrerbietige Außenpolitik gegenüber. Nicht nur dass Geiserich gar nicht daran dachte, sich – etwa durch die Prägung von Goldmünzen – als dem Kaiser irgendwie ebenbürtig darzustellen, es gelang ihm sogar, überzeugend den verlässlichen Juniorpartner zu geben. In der Zentrale wollte man ihn gern hierin bestärken (zumal man andere Optionen gar nicht hatte) und eine dauerhafte Verbindung zu den Vandalen knüpfen: Als Hunerich wohl im Jahr 445 nach Hause entlassen wurde, verließ er Ravenna als zukünftiger Ehemann der Prinzessin Eudocia, der älteren Tochter Kaiser Valentinians III.

Was diesen zu einer solch ungewöhnlichen Auszeichnung für einen barbarischen Königssohn bewogen hat, wissen wir nicht. Aber es liegt nahe, hier erneut innenpolitische Konflikte am Werk zu sehen, und zwar den für diese Epoche typischen Abwehrkampf des Kaisers gegen die ihn immer mehr einengende Macht seines Heermeisters. Aëtius stützte sich nämlich nicht zuletzt auf die gotischen Foederaten in Gallien, und der Kaiser sah die Vandalen wohl als deren gleichsam natürliches Widerlager an, die er mit dieser familiären Bindung an seine Seite holte. Aber eine Verlobung ist noch keine Hochzeit, und es dürfte Aëtius gewesen sein (dem es erst 454 gelang, seinen eigenen Sohn mit der jüngeren Kaisertochter Placidia zu verloben), der diesen definitiven Schritt immer wieder hinauszögerte.

König und Heer. Es ist vielleicht aufgefallen, dass bislang immer wieder von Geiserich die Rede war, viel weniger aber vom Adel, der dem König doch ursprünglich, was Prestige und Macht anging, durchaus nahestand. Aber diese Konstellation hatte sich verändert, zum einen durch die permanente Kriegführung, die dieses königliche Privileg immer wieder aktualisierte und das exklusive Verhältnis zum Heer festigte, zum anderen aber gerade auch durch deren Unterbrechungen, also Verhandlungen und Vertragsabschlüsse mit dem Reich. Denn dabei agierte auf vandalischer Seite nicht der Adel, sondern allein der König. Er fungierte als Garant, er konnte sich die Ergebnisse zuschreiben, die dann (wenig überraschend) seine herausgehobene Stellung noch prominenter machten und festigten. So verhielt es sich auch nach dem Vertragsabschluss von 442, auf den die erwähnte Aufteilung des neudefinierten Territoriums der Vandalen folgte. Hierbei gab es im Wesentlichen zwei Kategorien: die vandalischen Krieger, also das Heer, erhielten Landlose in der Proconsularis, während das restliche Gebiet von König und Königsfamilie in Besitz genommen wurde. Mächtige Adelsfamilien sucht man bei dieser Aufteilung vergebens. Es ist deshalb kein Zufall, dass ausgerechnet für dieses Jahr, dem des eigentlich bislang größten Triumphes des Königs, von einer großen vandalischen Adelsrevolte berichtet wird, die Geiserich mittels öffentlicher Folterungen und Hinrichtungen niederschlug. Danach scheint die Macht der vandalischen Adelsclans am Boden gewesen zu sein. Sie wurden Geiserich nie mehr gefährlich. Ob die beschriebene Landverteilung Auslöser oder Konsequenz des missglückten Aufstands war, wissen wir nicht.

Die Institutionalisierung des vandalischen Königtums schritt in der Folgezeit unaufhaltsam fort. Seine Machtbasis blieb dabei das Heer, das ausschließlich dem König unterstellt war. Wenn wir von anderen Kommandeuren hören, waren dies entweder seine Verwandten oder seine Beauftragten. Diese exklusive Beziehung nährte sich von zahlreichen kriegerischen Erfolgen Geiserichs (und den entsprechenden Beuteverteilungen), deren Höhepunkt sicher die Plünderung Roms im Jahr 455 war. Gerne wüssten wir, ob es feste Formen der Interaktion zwischen dem König und seinen Kriegern gab, etwa eine Heeresversammlung. Unsere Quellen sind zu spärlich, als dass ihr diesbezügliches Schweigen etwas bedeuten müsste. Kurz vor dem Ende des Vandalenreiches war es wohl eine solche Versammlung, die König Hilderich absetzte (530) und Gelimer auf den Schild hob; hierbei tauchen auch plötzlich die Adligen wieder auf (Seite 104). Aber falls sich die Vandalenkrieger auch unter Geiserich versammelten, dürften sie seine Herrschaft dabei wohl kaum jemals in Frage gestellt haben.

Die Nachfolgeregelung. Eine eminent wichtige Frage für jeden Alleinherrscher ist die, wer ihm regulär nachfolgen darf. Hier scheint es bei den Vandalen eine spezifische Tradition gegeben zu haben, der bereits Geiserich selbst es verdankt haben dürfte, dass er 428 an die Herrschaft kam, obwohl der verstorbene König, sein Halbbruder Gunderich, Söhne hatte. Sie waren noch jung, und genau um daraus resultierende Probleme zu vermeiden, praktizierte man bei den Vandalen die Seniorat-

Nachfolge. Dies bedeutete, dass der Sohn eines verstorbenen Königs nur dann das Recht hatte, ihm nachzufolgen, wenn es in der Königsfamilie in der Generation des Toten keine männlichen Kandidaten mehr gab. Auf diese Weise kam die neue Generation erst dann zum Zug, wenn die ältere ausgedient hatte: erst also die Brüder des Verstorbenen, dann deren und des Toten Söhne, und zwar in der Reihenfolge ihres Alters. Neben der Vermeidung von Kinder-Herrschern (durch die Verbreiterung der für die Nachfolge in Frage kommenden Familienstruktur) gab es noch einen weiteren Vorteil: Die Nachfolge stand auf diese Weise meist schon lange fest, sodass neue Ehen und die Geburt von Königssöhnen nicht die sonst übliche Unruhe in die Herrscherfamilie bringen konnten. Auf der anderen Seite gab es einen zusätzlichen Konfliktherd: die Zurücksetzung der leiblichen Söhne des regierenden Königs. Kämpfe waren aber dann vermeidbar, wenn die Regel allgemein akzeptiert wurde.

Dies dürfte bei den Vandalen lange der Fall gewesen sein. Obwohl Geiserich nur ein Halbbruder König Gunderichs und Sohn einer Unfreien war, scheint seine Nachfolge im Jahr 428 doch unbestritten gewesen zu sein. Die Hinrichtung von Gunderichs Söhnen (Victor von Vita 2,14) hatte nichts mit der Situation von 428 zu tun; sie wurden erst über zehn Jahre später getötet, wahrscheinlich im Zusammenhang mit der Adelsrevolte von 442. Danach war Geiserich noch über 30 Jahre lang König, der einzige Hasdinge in seiner Generation. Vor diesem Hintergrund war somit völlig klar, dass seine drei Söhne (Gento, Hunerich und Theuderich) die Nachfolgekandidaten waren (Abb. 1).

Desto mehr verwundert es, dass die Quellen eine vom König vor seinem Tod (477) erlassene Regelung überliefern, die die Nachfolge jedes Königssohns beschränkte, indem sie das Senioratsprinzip einschärfte. Galt dies nicht ohnehin? Dieser scheinbare Widerspruch lässt sich aber durchaus erklären. Gento war zu diesem Zeitpunkt bereits gestorben, Nachfolger des greisen Königs würde also Hunerich sein, der jedoch mit über 50 Jahren ebenfalls in einem Alter war, in dem man die eigene Nachfolge ins Auge fassen sollte. Und hier scheint das Problem gelegen zu haben, das Geiserichs förmliche Festlegung lösen sollte.

Denn zum einen hatte die 50-jährige Herrschaft Geiserichs – sicher nicht gegen seinen Willen – das Gewicht des Königs dermaßen verstärkt, dass damit geradezu zwangsläufig auch das seiner direkten Nachkommen gestiegen war. Zum Zweiten war Hunerich zusätzlich ein besonderer Fall, da sein Sohn Hilderich zugleich der Enkel Kaiser Valentinians war (Seite 60). Dessen Tochter Eudocia hatten die Vandalen nach ihrer Plünderung Roms nach Africa entführt; sie war schließlich entsprechend dem früheren Eheversprechen Hunerichs Frau geworden (Seite 83). Diese Verbindung mit dem weströmischen Kaiserhaus hob seine Nachkommen über andere vandalische Prinzen hinaus. Es war also letztlich die Folge Geiserichs eigener Politik, dass nun, da seine Zeit sich dem Ende zuneigte, entgegen der vandalischen Tradition eine klare Tendenz zur agnatischen Thronfolge, also zum Vorrecht der Stammlinie, herrschte. Dies hinderte den König jedoch nicht daran, kurz vor seinem Tod das Ruder herumzureißen und die traditionelle Nachfolgeregel zu fixieren. Wahrscheinlich schien ihm Hilderich, der noch ein Teenager war, schlicht zu jung für die Herrschaft; möglich ist auch, dass er angesichts des Untergangs des weströmischen Reiches keinen Sinn mehr darin sah, dessen Traditionen Einfluss auf die vandalische Königsnachfolge zu gewähren.

Dass dieses ‹Thronfolgegesetz› Geiserichs keine Neuregelung war, sondern nur das traditionelle Recht der Vandalen (wohl erstmals auch schriftlich) fixierte, zeigte sich, als König Hunerich seinen Sohn Hilderich auf den Thron bringen wollte. Eine erst kurz zuvor erlassene Neuregelung hätte er leicht ändern können. Viel schwieriger war es, eine lange Tradition zu missachten. Hunerich scheiterte, und sein vergeblicher Kampf prägte, wie wir sehen werden, seine ganze Regierungszeit. Hilderich musste seinen älteren Cousins Gunthamund und Thrasamund (s. Abb. 1) den Vortritt lassen und kam erst 40 Jahre später an die Macht. Auch ihm wurde dann (nicht ohne Grund) nachgesagt, entgegen der vandalischen Tradition seiner eigenen Familie zur Nachfolge verhelfen zu wollen, was eine wichtige Rolle bei seinem Sturz spielte (Seite 104). Auffallend ist insgesamt die Beharrungskraft der traditionellen Nachfolgeordnung, die den

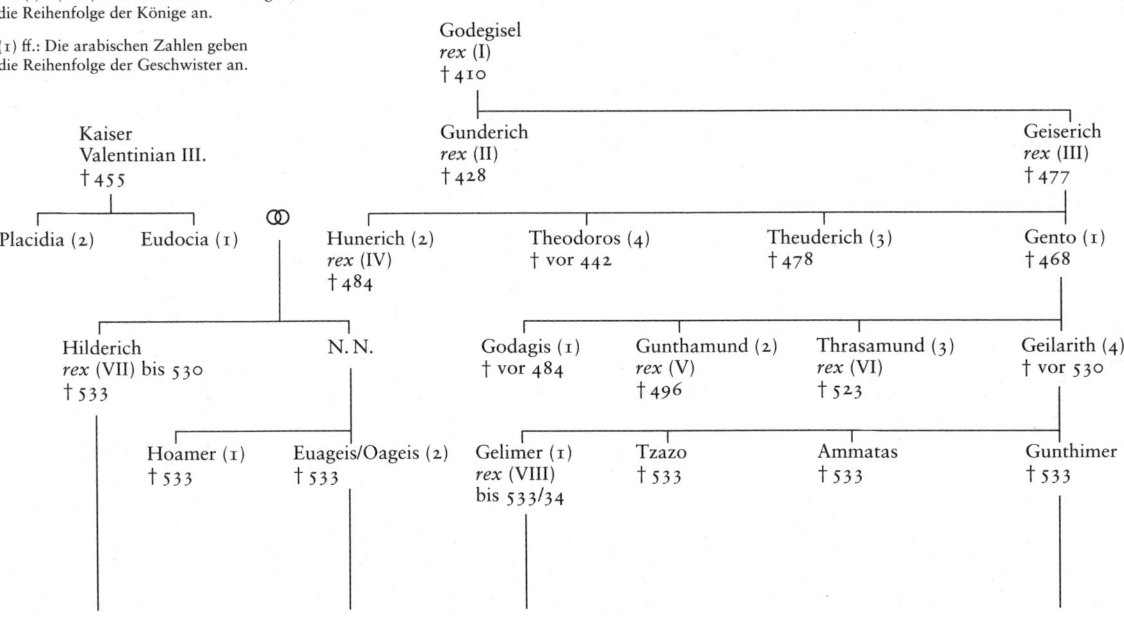

Abb. 1: Die Königsfamilie der Hasdingen

‹natürlichen› Interessen des regierenden Königs eigentlich oft entgegenlief. Hier waren offenbar starke Interessen am Werk, denen es – gestützt auf eine Tradition, die hohe Verbindlichkeit beanspruchen konnte – gelang, eine breite Definition der Königsfamilie hochzuhalten. Den davon Profitierenden allein wird dies kaum möglich gewesen sein. Wir müssen also trotz der Schwächung des vandalischen Adels unter Geiserich davon ausgehen, dass es Stammeseliten gab, die nach wie vor in der Lage waren, dem König auf wichtigen Politikfeldern Paroli zu bieten.

Die arianische Kirche. In gewisser Weise gehörte dazu auch die (relativ junge) arianische Kirche der Vandalen und ihre Hierarchie. Ihre Selbstbezeichnung kennen wir nicht, weshalb wir bei der Fremdbezeichnung «arianisch» bleiben. Wir wissen immerhin, dass sie Priester und Bischöfe (*episcopi*) kannte, an deren Spitze ein «Patriarch» stand. Diese begriffliche Nähe zur katholischen Kirche sollte die tiefgreifenden Unterschiede nicht übersehen lassen. Letztere war eine Reichskirche, während die Kirche der Vandalen in doppelter Weise eng und ausschließlich mit dieser Gens verbunden war. Zum einen war sie in besonderer Weise ihrem König verpflichtet. Er hatte sie in ihrer entwickelten Form legitimiert und mit Privilegien ausgestattet, er verkörperte auch die göttliche Mission, in der sich fromme Vandalen nach dem Sieg über Castinus sahen; letztlich garantierte er ihre Existenz. Zum Zweiten war sie nicht territorial ausgerichtet, sondern auf einen bestimmten Personenverband. Ihre Priester und Prediger hatten den Zug der Vandalen teilweise von Anfang an begleitet und waren dieser Gens zugehörig, wo immer sie hinkam. In Africa wurden sie zwar zusammen mit ihr wieder sesshaft, verstanden sich aber vor allem als der *gens Vandalorum* (bzw. bestimmten Einheiten von ihr) zugehörig, weniger ihren neuen Standorten. Selbst ihr Kopf hat sich offenbar niemals als ‹Patriarch von Karthago› bezeichnet.

Diese tiefgreifende Differenz hatte erhebliche Auswirkungen. Sie kam der von Geiserich ohnehin geförderten Separierung der Vandalen in Africa (Seite 75) entgegen und festigte sie. Zur Reichskirche der Romano-Afrikaner ergab sich ein gleichsam natürlicher Gegensatz, der noch dadurch verstärkt wurde, dass die Vandalen ihre eigene, gotische Kirchensprache nach Africa mitbrachten und dort weiter praktizierten, ebenso wie ihre eigene gotische Bibel. Die gentile Charakteristik ihrer Kirche erklärt auch das auffällige Fehlen einer arianischen Mission etwa bei den Maurenstämmen, die Geiserich durchaus als Hilfstruppen heranzog (Seite 92). Offenbar war das Bekenntnis zu dieser Kirche zu sehr ein spezifisches gentiles Kennzeichen, als dass es auf andere und von den Vandalen getrennt bleibende Gemeinschaften ohne Weiteres hätte ausgeweitet werden können. Wer sich von den Römern in Africa ganz der vandalischen Herrschaft verschrieb, musste dagegen konvertieren. Er wurde damit aber auch Teil dieser Gens. Erklärbar wird vor diesem Hintergrund ebenso, warum wir nichts von Beziehungen zwischen einer anderen arianischen Kirche (etwa der gotischen) und der vandalischen hören. Es gab zwar eine gewisse Solidarität in der Notwendigkeit, sich gegen die Reichskirche zu behaupten, mehr aber auch nicht. All diese Konsequenzen stärkten die Bindung von gentiler Kirche und Gens, sie brachten aber auch die Gefahr mit sich, dass daraus eine unlösbare Schicksalsgemeinschaft wurde. Tatsächlich hören wir nach dem Untergang der Vandalen von einer arianischen Kirche in Africa nichts mehr.

Kirchenpolitik. Geiserichs Politik baute auf diesen Unterschieden auf. Seine Ziele waren dabei ebenso nach innen wie nach außen gerichtet. Die Vandalen sollten einen starken Zusammenhalt haben, der sie befähigte, auch bei dauerhafter Ansiedlung von der (teilweise verführerischen, zahlenmäßig jedenfalls um ein Vielfaches stärkeren) römischen Umgebung unterscheidbar und damit auch handlungsfähig zu bleiben, etwa wenn das Imperium einen Angriff unternehmen würde, um die verlorenen Provinzen zurückzugewinnen. Die Kirche der Romanen sollte folglich nicht für die neue Herrschaft in Africa gewonnen, sondern aus den Kerngebieten der Vandalen verdrängt und in ihren Wirkungsmöglichkeiten insgesamt eingeschränkt werden. In der Proconsularis sollte auf diese Weise ein ausschließlich vandalisches Land entstehen; hier wurden die kirchlichen Konkurrenten vertrieben und enteignet. Im übrigen Africa, in dem es keine vandalischen Ansiedlungen gab (s. unten), agierte Geiserich toleranter und deutlich flexibler, durchaus auch mit Blick auf das jeweilige Verhältnis zu Ravenna und Konstantinopel. Auch in Phasen der Entspannung blieb er jedoch wachsam, weil er die katholischen Bischöfe grundsätzlich im Verdacht hatte, ihre vielfältigen Verbindungen mit dem Reich gegen ihn, ihren legitimen Herrn, und damit hochverräterisch zu nutzen.

Grenzen und Provinzen des Reiches. Die Grenzen des Vandalenreiches in Africa waren von Anfang an in Bewegung. Im Vertrag von 442 (Seite 54) waren sie zwar fixiert worden, dieser hatte jedoch für Geiserich mit dem Tod seines Vertragspartners, des römischen Kaisers Valentinian, im Jahr 455 seine Gültigkeit verloren. Anschließend beanspruchte der König das gesamte früher zu Westrom gehörende Africa, von Tripolitanien bis zum Atlantik, freilich ohne dass dies vom West- oder Ostkaiser anerkannt worden wäre. Wirksame Mittel dagegen fanden am Ende jedoch weder der eine noch der andere. Geiserich konnte sogar erleben, wie das Westreich unterging, ohne Africa wiedererlangt zu haben, und wie der oströmische Kaiser sich schließlich gezwungen sah, 474 mit einem Friedensschluss die vandalischen Okkupationen anzuerkennen. Schon unter seinem Nachfolger Hunerich jedoch begann das Reich in Africa wieder zu schrumpfen (Seite 93).

Die römische Provinzeinteilung war sicherlich beibehalten worden. Die 442 verfügte Teilung Numidiens wurde von Geiserich ja seit 455 nicht mehr anerkannt, und da er die Erträge der ehemals kaiserlichen Ländereien und das Steueraufkommen der Provinzen (vom Kernland der Vandalen abgesehen, wie wir sehen werden) ohnehin von römischen Verwaltern eintreiben ließ, gab es keinen Grund für aufwändige Gebietsreformen.

Die Verwaltung. Angesichts der gewaltigen Ausdehnung dieser Gebiete wird man nicht überrascht sein, dass der administrative Zugriff auf sie stark variierte. Von der Hauptstadt Karthago abgesehen gab es vier unterschiedliche Zonen. Erstens das Kerngebiet der vandalischen Siedlungen: Die Art und Weise, in der Geiserich seinen Vandalenkriegern und ihren Familien nach 442 in der fruchtbaren Proconsularis steuerfreie Landflächen übereignete (die *sortes Vandalorum*), zeugt von einem scharfen Bruch mit der römischen Verwaltung. Gleichsam mit dem Maßband wurden neue Eigentumsverhältnisse hergestellt, ohne Rücksicht auf das römische Recht und auf frühere Besitzverhältnisse (Victor von Vita 1,13). Die einzige Kontinuität in diesen Gebieten bestand im Personal. Die Landarbeiter blieben auf der Scholle, da die Vandalenkrieger nicht zu Bauern werden sollten (und wollten); auch um die Beaufsichtigung der Güter kümmerten sich weiterhin römische Verwalter. Die Vandalen wurden abteilungsweise in den städtischen Siedlungen dieser Gebiete – sicher in enteignetem Wohnraum – untergebracht. Durch die Einkünfte aus den Ländereien hatten sie nun eine dauerhafte Lebensgrundlage, blieben aber gleichzeitig auf ein Kerngebiet konzentriert und zugleich jederzeit einsetzbar für eine militärische Aktion. Wie sehr Geiserich das Revolutionäre seiner Neuordnung bewusst war, zeigt die Nachricht, dass er die römischen Katasterunterlagen verbrennen ließ – es sollte kein Zurück mehr geben.

Auch der Vergleich mit gotischen Ansiedlungen in Südfrankreich oder in Italien, wo es keine Enteignungen gab und nur die mit dem Land verbundenen Steueranteile den Besitzer wechselten, zeigt, dass Geiserich einen Sonderweg beschritt. Er behandelte das afrikanische Land als Eroberung und als Beute, und der Vertrag mit dem Reich regelte nur das (außenpolitische) Verhältnis zum ehemaligen Eigentümer. Leider wissen wir nicht, wie hoch die Zahl der verteilten Güter war und welche Abstufungen der Größe es gab (Seite 68 f.). Da es jedoch insgesamt nur eine niedrige fünfstellige Zahl von vandalischen Waffenträgern gab, dürfte eine ebenfalls niedrige zweistellige Zahl von Ackerbaustädten ausgereicht haben, um die Krieger zu versorgen. Diese werden hauptsächlich im fruchtbarsten Teil der Proconsularis, im Bagradas-Tal (Karte 5), gelegen haben und somit nicht allzu weit von Karthago entfernt. Ein Gutteil der Proconsularis, in der es ja auch schlechte Böden gab, blieb offenbar den früheren Besitzern, die jetzt dem König steuerpflichtig waren. Bei der Verteilung wird man jedenfalls darauf geachtet haben, dass keine Streulage entstand, sondern das neue vandalische Siedlungsland ein möglichst geschlossenes Gebiet bildete: Hier herrschten nun ein anderes Recht und eine andere Religion.

In den vandalischen Siedlungen galten auch für das Zusammenleben der Vandalen untereinander eigene Regeln. Streitigkeiten wurden sicher nicht mit Hilfe römischer Normen und Verfahren gelöst, sondern nach eigener Tradition. Wenn unsere Vermutung zutrifft, dass die Vandalen als militärische Einheiten zusammenblieben, waren diese Tausendschaften wahrscheinlich auch der Rahmen, in dem Streitschlichtungen und Rechtsentscheide stattfanden. In den lateinischen Quellen taucht ein vandalischer Amtsträger mit dem Titel *millenarius* (also mit Bezug auf eine Tausendschaft) auf, leider ohne Nennung seines Zuständigkeitsbereiches; aber es ist gut vorstellbar, dass er das Zusammenleben innerhalb dieser Einheiten regelte. Größere Prozesse wurden jedoch sicher am Königshof entschieden.

Das Leben auf den *sortes Vandalorum* verlief also, insgesamt betrachtet, zum Teil in den alten römischen Bahnen, zum Teil aber in ganz neuer Art und Weise. Das Land wurde nicht anders bebaut als früher, und auch die ertragreichen Produktionsstätten für Keramik arbeiteten mit dem bisherigen Personal weiter. Sicher galt dies gleichermaßen für andere Produkte, für deren Export Africa bisher bekannt war, wie z. B. Olivenöl oder eine vielverkaufte Gewürzsauce auf der Basis von fermentiertem Fisch (*garum*). Die Vandalen hatten ja keinerlei Anlass, den Reichtum Africas, von dem sie leben wollten, zu zerstören. Die Stadthäuser und (für die Vermögenden) die Villen auf dem Land blieben dieselben; sie wurden von römischen Handwerkern in Stand gehalten. Die Herren aber hatten gewechselt; sie hatten das Land neu verteilt, ihr Recht und auch ihre Sprache mitgebracht, und sie führten ein Leben, das ganz auf ihre militärische Aufgabe im Dienst des Königs ausgerichtet war.

Hiervon zu unterscheiden sind diejenigen afrikanischen Gebiete, die zur Versorgung der Vandalen nicht gebraucht wurden, für das Königreich aber von wirtschaftlichem oder militärischem Interesse waren. Prinzipiell war hier überall der König der alleinige Herr, der jedoch viel Land an die Mitglieder seiner engeren und weiteren Familie weitergegeben hatte. Hier wie dort mussten Steuern gezahlt werden, wahrscheinlich in derselben Höhe wie früher an den Kaiser. Enteignungen hatte es in diesen Gebieten nur in Ausnahmefällen gegeben. Die erfolgreiche römische Methode, die aufwändige Steuereintreibung den lokalen Eliten zu überlassen, wurde beibehalten. Diesen wurden also weder ihre Lebensgrundlage noch ihre zivilen Aufgaben genommen, sie behielten sogar ihre hergebrachten Titel. An strategisch wichtigen Orten übernahmen die Vandalen die römischen Militärposten.

In den Gebieten der dritten Kategorie war die vandalische Herrschaft noch lockerer. Schon in römischer Zeit waren verschiedene Maurenstämme von Süden her – vor allem in Mauretanien und Numidien, aber auch in den Provinzen Byzacena und Tripolitana (Karte 1) – immer näher an die Küste herangerückt. Geiserich hatte es verstanden, ihnen gegenüber nicht als Nachfolger Roms und als Feind aufzutreten. Im Gegenteil: Schon bei der Eroberung des Landes hatte er vom römisch-maurischen Gegensatz profitiert. Er bot den Mauren, wenn sie seine Oberherrschaft anerkannten, Teilhabe an der Beute an und nahm auf seine späteren Plünderungszüge übers Meer immer wieder maurische Hilfstruppen mit. Solange er regierte, waren diese Bündnisse stabil und verschafften ihm im afrikanischen Hinterland, wo es keine vandalischen Garnisonen gab, eine gewisse Kontrolle; denn die Vandalen selbst waren vor allem an der Küste stationiert.

Damit haben wir die vierte Kategorie der Herrschaftsgebiete erreicht, die Mittelmeerinseln. Geiserich hatte nach seinem Bruch mit dem Römischen Reich auch Sardinien, Sizilien, Korsika und die Balearen für sich reklamiert und diesem Anspruch, je nach Situation und Möglichkeit, Taten folgen lassen. Sardinien war für ihn zweifellos am wichtigsten. Er okkupierte damit eine zentrale Position im westlichen Mittelmeer (Karte 1) und setzte so den Kaiser, der nach dem Verlust Africas auf die fruchtbaren Getreidefelder der Insel besonders angewiesen war, noch weiter unter Druck. Dementsprechend gab es hartnäckigen römischen Widerstand dagegen, der erst im letzten Jahrzehnt der Herrschaft Geiserichs gebrochen werden konnte. Dieser sicherte die Insel dann wahrscheinlich mit einer maurischen Garnison, verzichtete also darauf, hier vandalische Ressourcen einzusetzen. Ein Beauftragter des Königs war für die Sicherheit und die Ablieferung der Erträge der Insel zuständig, die auch als Verbannungsort (namentlich für missliebige katholische Bischöfe) fungierte. Auch Sizilien wurde vom Reich lange verteidigt, aus wirtschaftlichen und militärischen Gründen. Erst als dieser Widerstand im Jahr 468 zusammenbrach, konnten die Vandalen dort ebenfalls die Kontrolle übernehmen. Die Balearen und Korsika fungierten als vandalische Außenposten im Mittelmeer. Wahrscheinlich beschränkte man sich hier auf die Besetzung strategischer Punkte.

Zentrum der Administration des ganzen Reiches war der königliche Palast auf dem Burgberg in Karthago, wo auch der immer weiter anwachsende Schatz der Vandalen verwahrt wurde. Der oberste Verwalter des Reiches war zugleich der oberste Hofbeamte und fungierte nicht zuletzt als Vertreter des Königs. Die Vandalen profitierten sicher davon, dass sie nicht nur die Staatsarchive in Karthago, sondern auch das entsprechende Personal übernehmen konnten, was sich in der Qualität der in lateinischer Sprache verfassten Edikte des Königs, die uns Victor von Vita überliefert, niederschlug. Allerdings ließ sich Geiserich nicht durch Verfahrensregeln und Zuständigkeiten der römischen Verwaltung binden, wichtige Aufgaben übergab er vielmehr ad hoc an seine Vertrauten.

Karthago, das Zentrum des Vandalenreiches, gehörte selbst nicht zum Siedlungsgebiet der Vandalen. Auch hier hatte es zwar Enteignungen gegeben, jedoch vornehmlich zu dem Zweck, den weltlichen und geistlichen Größen des neuen Reiches Residenzen zur Verfügung zu stellen. Davon abgesehen war die römische Oberschicht intakt geblieben, auch der Proconsul, der ehedem oberste römische Beamte Africas, blieb nominell im Amt. Er war jetzt vor allem für die Rechtsprechung zuständig, soweit

Nichtvandalen betroffen waren. Das römische Recht blieb in diesen Fällen in Kraft, wie nicht zuletzt Immobilienverkäufe aus dem späten 5. Jahrhundert zeigen, die auf Holztäfelchen erhalten sind (die nach ihrem Herausgeber benannten ‹Tablettes Albertini›). Zeitweise erlaubte Geiserich auch die Installation eines katholischen Bischofs in Karthago; alle großen innerstädtischen Basiliken waren zwar enteignet worden, nicht jedoch alle Märtyrerkirchen vor der Stadt.

Herren und Knechte. Die vandalische Eroberung Africas brachte eine prinzipielle Zweiteilung der dort lebenden Bevölkerung mit sich: zwischen den Vandalen und den unterworfenen Provinzialen, die tatsächlich als *subiecti* bezeichnet wurden (Victor von Vita 3,3). Offiziell war Geiserich *Rex Vandalorum et Alanorum*, nicht jedoch König der Römer, nur ihr Gebieter. Hatte er etwas verfügt, konnte man allenfalls versuchen, ihn durch Bitten umzustimmen. Der König hatte indes kein Interesse, die romanische Elite zu zerstören oder außer Landes zu treiben. Er profitierte schließlich ebenso von ihren administrativen wie von ihren wirtschaftlichen Kompetenzen, etwa ihren Fernhandelsbeziehungen. Wer sich nicht des Hochverrats schuldig machte und sich aus den innervandalischen Konflikten heraushielt, hatte also wenig zu befürchten. Er blieb der Herr im eigenen Haus, natürlich auch über seine Sklaven.

Aber auch innerhalb der vandalischen Gesellschaft gab es Herren und Knechte. Die Gesellschaftspyramide war allerdings eher flach, schon weil Tausende vandalischer Krieger einen jeweils ähnlich großen Landbesitz erhalten hatten. Dass wir über den traditionellen Adel wenig wissen, aber vermuten können, dass Geiserich diese Elite 442 stark eingeebnet hatte, wurde schon erwähnt. Aber es gab neue Wege zur Prominenz, vor allem den erfolgreichen Dienst für den König, in dem man auch eine Art Grafentitel (*comes*) erlangen konnte.

Waren alle waffentragenden Vandalen gleich? Sicher nicht. Wie in anderen Gentes dürfte es auch bei den Vandalen eine Unterscheidung von ‹Edlen› und ‹Knechten› gegeben haben, Erstere zu Pferd kämpfend, Letztere zu Fuß und den Edlen zu

Dienst verpflichtet. Ob die ‹Knechte› überhaupt direkt (dann allenfalls in geringerem Umfang) von der Landverteilung profitierten oder nur über ihre Dienstherren, wissen wir nicht. Anzunehmen ist, dass sie in deren Nähe siedelten und dass zu diesen ‹Knechten› häufig Personen gehörten, die sich den Vandalen erst in Africa angeschlossen hatten. Unabhängig von dieser sozialen Unterscheidung konnten die Vandalen, ebenso wie die vermögenden Römer, fremdstämmige Sklaven haben, vor allem als Hausbedienstete.

Wie römisch waren die Vandalen? Wer die einschlägigen modernen Darstellungen zum Thema ‹Die Vandalen und die römische Kultur› befragt, findet immer wieder die Einschätzung, die Neuankömmlinge hätten sich im üppigen Africa schnell akkulturiert. Zuweilen übernimmt man dabei die Wertung des Prokop, auf den die Einschätzung letztlich zurückgeht, dass warme Bäder, seidene Kleider, idyllische Parks und musikalische Darbietungen die Nordbarbaren, denen diese Genüsse fremd waren, verweichlicht hätten (Vandalenkrieg 2,6,5–9). Die implizite Folgerung, hierin nämlich den Grund für ihren schnellen Untergang zu sehen, wird dagegen kaum mehr gezogen. Dies wäre schon deshalb unsinnig, weil sie bei Prokop in einem ganz bestimmten Kontext steht: dem des Vergleichs von Vandalen und Mauren, formuliert vor dem Hintergrund der Herrschaft der Byzantiner über Africa, die nach unerwartet schnellen Vandalensiegen ebenso unerwartet große und langwierige Schwierigkeiten mit den maurischen Stämmen hatten. Der Autor wollte diesen Gegensatz nun durch einen seinem Publikum vertrauten Topos erklären: ‹Luxus macht kriegsuntüchtig›. Doch mit der Realität hatte dies wenig zu tun; denn der Absturz der Vandalen lag nicht an einem Zuviel an Akkulturation, sondern im Gegenteil gerade an ihrer zu geringen Verwurzelung in Africa, da sie schon nach der ersten Niederlage weitgehend auf sich allein gestellt waren (Seite 117). Während also der durch ein Übermaß an verfeinerter Kultur verdorbene Vandale heute mit guten Gründen verabschiedet ist, bleibt die Frage nach seiner *romanitas* in der Diskussion. Mit diesem Begriff bezeichneten die Römer gelegentlich selbst ihren ‹Way of Life›, und nach Meinung eines großen Teils der Forschung war dieser auch unter und bei den Vandalen durchgehend römisch geworden.

Die Bedeutung der Sprachenfrage. Tatsächlich lohnt es hier jedoch zu differenzieren. Dass es zwischen dem Imperium Romanum und dem Barbaricum ein Zivilisationsgefälle gab, ist ebenso offenkundig wie die Tatsache, dass es nicht zuletzt diese Differenz war, die das Römerreich für die Gentes nördlich seiner Grenzen so attraktiv machte. Es wäre deshalb absurd, wenn diese, einmal angekommen (schon in Hispanien), die Errungenschaften römischer Urbanistik und Villeggiatur nicht sofort und gern genossen hätten, zumal das dafür notwendige Personal zur Verfügung stand. Die Frage ist aber, ob dies allein die Vandalen bereits römisch machte, wobei es besonders um die Identität der Oberschichten geht. Diese waren zwar sicher auch durch die materielle Kultur geprägt, weder Thermen noch Landhäuser waren jedoch hinreichende Kennzeichen.

Zentrales Medium, um kulturelle Zugehörigkeit oder auch Abgrenzung zum Ausdruck zu bringen, war vielmehr die Sprache. Bekanntlich geht schon die Entstehung des Begriffs «Barbar» auf eine solche Differenz (in diesem Falle aus der Sicht der altgriechischen Kultur) zurück. Nun lernten die Vandalen zwar sicher Latein, schon um sich mit ihren Untergebenen, den Landarbeitern, Verwaltern, Handwerkern und Händlern in Africa, zu verständigen. Aber die eigentliche Frage ist die nach dem Stellenwert dieses Spracherwerbs. Für die Römer bildete er nämlich den Kern ihrer Sozialisation. Man beachte, dass die römische Schul- und Studienzeit zwar etwa genauso lang wie das moderne Äquivalent, jedoch in ganz anderer Weise auf Sprache und Literatur konzentriert war. In heute schwer vorstellbarer Intensität bemühte man sich ein ganzes Jahrzehnt lang um literarische und rhetorische Fähigkeiten, deren Bedeutung sich keineswegs im Ästhetischen erschöpfte. Sie waren vielmehr das zentrale Kommunikationsmedium der Eliten und zwar sowohl in horizontaler als auch in vertikaler Richtung, also im Verhältnis zur Zentralgewalt. Distinktion und Konkurrenz, Integration und Akzeptanz – all dies wurde gern in literarischer Form zum Ausdruck gebracht, auf dem höchsten Niveau sogar in beiden Sprachen des Reiches, Latein und Griechisch, wobei klassische Vorbilder wie Homer oder Vergil eine besondere Rolle spielten.

Die entsprechende Ausbildung ließ man sich einiges kosten. Selbst in kleinen Ackerbaustädten Africas gab es spezialisierte Grammatiker, denen man die Söhne übergab, die dann regelrecht gedrillt wurden. Dieses System lebte im Africa der Vandalenzeit ohne große Einschränkung weiter (Dracontius' *Romulea* zeugen davon). Die Frage ist aber, ob sich die Vandalen einbezogen. Es gibt eine ganze Reihe von Gründen, die dagegen sprechen. Sollen wir uns wirklich die Söhne der vandalischen Großen auf der Schulbank vorstellen, den Schlägen ihrer Lehrer ausgesetzt und doch hoffnungslos ihren römischen Altersgenossen unterlegen, weil ihre eigentliche Ausbildung ja auf die Kriegskunst abzielte (s. Abb. 2)? Im ostgotischen Königshaus kam es zu scharfen Reaktionen gegen Theoderichs Tochter, als sie ihrem Sohn eine römische Erziehung angedeihen lassen wollte (Prokop, Gotenkrieg 1,2,6–19). Mit ihr unterwarf man sich nicht nur einer römischen Disziplin, sondern dem gesamten römischen Wertesystem, was aus scheinbar harmlosem Sprachunterricht geradezu eine Machtfrage machte. Hierzu passt, dass die Vandalenkönige sich offenbar ganz bewusst als «barbarisch» (*rex barbarus*) bezeichnen ließen, wobei sie den Begriff freilich anders verstanden, als dies ein Lobredner der Romanitas tat (s. unten).

Wir müssen auch die wichtige Rolle bedenken, die der konfessionelle Gegensatz in Africa und die eigene Kirche für die vandalische Selbstdefinition spielten. Hierzu gehörten die eigene Liturgie und die eigenen heiligen Schriften, jeweils in gotischer Sprache. Die Reste der katholischen Basiliken Africas lassen sich zwar heute (ohne Inschriften) nicht mehr von arianischen unterscheiden, in jenen betete man aber *Domine miserere* («Herr, erbarme Dich» – *Kyrie eleison*), in diesen dagegen *Froia arme*. Noch im 6. Jahrhundert beklagte (oder bespöttelte) ein lateinischer Dichter in Africa die «barbarischen Bankette» seiner Zeit, auf denen nicht etwa lateinische Dichtungen, sondern gotische «Heil-Rufe» erklungen seien (Anthologia Latina 279).

Dies bedeutet, wie gesagt, nicht, dass Römer und Vandalen sprachlich völlig getrennt waren. Aber es geht bei der Romanitas nicht um Verständigung, sondern um Unterordnung, zu der die Vandalen (verständlicherweise) nicht bereit waren. Es ist also kein Zufall der Überlieferung, sondern Ausdruck dieser Diskrepanz, dass uns kein einziges Werk bekannt ist, das die Geschichte der Vandalen in lateinischer Sprache darstellte. Ihr gefahrvoller Zug quer durch Europa, die Rettung aus den zahlreichen Beinahe-Katastrophen, ihr Siegeszug durch Africa, die Demütigung des Westkaisers, die Eroberung Roms, die vergeblichen Attacken des Ostens und schließlich der Friedensschluss mit Konstantinopel – all dies hätte Stoff genug geboten, aber es gab offenbar keinen Bedarf, ihn einem römischen Publikum zu präsentieren. Dass einige wenige Gedichte (deren Erfolg am Hof in Karthago wir nicht kennen) aus der Anthologia Latina die Herrschaft Thrasamunds preisen (Seite 100), ist kein Ersatz. Erst unter Hilderich scheinen sich einige reiche vandalische Häuser der römischen Literatur wirklich geöffnet zu haben, sicher im Zuge der Neuausrichtung des Königreiches, die jedoch nicht lange Bestand hatte (Seite 102 f.).

Der Vergleich mit dem römischen Militär. An dieser Stelle wird man vielleicht einwenden, dass eine deutliche Fremdheit gegenüber der antiken Hochkultur doch auch in ‹römischen› Militärkreisen der Spätantike (faktisch oft ‹barbarischer› Herkunft) in ähnlicher Weise herrschte. Müssen wir die Vandalen vielleicht vor diesem Hintergrund sehen und verstehen? Tatsächlich haben manche barbarische Heermeister sicher ebenso wenig von antiken Versmaßen verstanden wie Geiserich. Für ihre Söhne jedoch strebten sie oft die möglichst vollständige Integration in die imperiale Aristokratie an, und dies mit allen Konsequenzen, während bei den Vandalen auf Hunerichs nicht unbedingt erfolgreiches römisches Heiratsprojekt nie mehr etwas Vergleichbares folgte.

Abb. 2: ‹Vandalischer Knabe› – Grabmosaik aus Tébessa (508 n. Chr.)

Tracht und Code. Zufällig ist uns ein vandalisches Grabmosaik aus Theveste (heute Tébessa) erhalten, das für einen 508 verstorbenen fünfjährigen Knaben bestimmt war (Abb. 2). Es zeigt ihn in militärischer Tracht: mit einem Schwert an der Seite, Hosen und einem kurzen, gegürteten Überwurf. Was im Einzelnen daran typisch germanisch oder gar typisch vandalisch war, ist schwer zu sagen, weil uns die Vergleiche fehlen. Entscheidend sind das Gesamtbild und das Alter des Toten. Innerhalb der römischen Kultur wäre es unmöglich gewesen, einen kleinen Knaben als Soldaten darzustellen; seine Insignien wären stattdessen die Buchrolle und der Fingergestus des angehenden Redners gewesen. Gleichzeitig zeigt uns dieses wertvolle Dokument aber, dass diese ‹barbarische› Selbstdarstellung durchaus mit Hilfe eines römischen Mosaizisten und in lateinischer Sprache erfolgen konnte. Was die Tracht der Vandalen angeht, gibt es eine absichtslose Nebenbemerkung Victors von Vita, aus der hervorgeht, dass am vandalischen Königshof Hunerichs auch entsprechende Kleidung getragen werden musste (2,8). Sicher gehörten dazu Hosen – das in römischen Augen barbarische Kleidungsstück par excellence – und ein kurzer, gegürteter Überwurf, wie sie nicht nur der Knabe von Tébessa, sondern auch der berühmte «vandalische Reiter» auf einem Villenmosaik aus Bordj Djedid bei Karthago tragen (Abb. 3).

Auch hier kommen wir an die Grenzen unseres Wissens, wenn wir fragen, was oder ob überhaupt irgendetwas an seiner Tracht typisch vandalisch ist. Es ist nicht auszuschließen, dass der römische Künstler, dessen Werk wir nicht einmal annähernd genau datieren können, römische Musterbücher benutzte und seinen Vandalen deshalb so ausstattete, wie sich auch ein römischer Dominus in seiner «Freizeit» zu Pferde darstellen ließ. Selbst die längeren Haare waren zwar ein Kennzeichen der Vandalen (wie der meisten anderen Barbarenstämme), wurden aber auch von römischen Militärs getragen, deren Habitus oft ganz bewusst einen barbarischen Touch hatte. Eindeutig auf einen ‹echten› Barbaren verweist nur ein kleines Detail: die für einen Römer unmögliche Barttracht des Reiters. Dass es typisch vandalische Stoffe, Schnitte oder Muster gab, die über einhundert Jahre lang tradiert wurden, ist nicht gerade wahrscheinlich. Historisch wichtig ist jedoch etwas anderes: Die Vandalen wollten auch in ihrer Tracht unterscheidbar sein, und folglich waren sie es dann auch, wie die Kleiderordnung an Hunerichs Hof bezeugt. Sie definierte eine klare Grenze.

Der vandalische Dresscode scheint mit seinen absichtlichen und unabsichtlichen Aussagen ein gutes Beispiel zu sein für die Art und Weise, in der die Vandalen in Africa Teil der Romanitas waren und sich zugleich von ihr unterscheiden wollten. Die Differenz diente der kulturellen Selbstbehauptung; deren Mittel jedoch hatte man nicht von der Theiß mitgebracht, sie waren vielmehr Produkte eines jahrzehntelangen Lebens im Römischen Reich. Die Vandalen kannten seine Formensprache genau und konnten sie – ganz abgesehen vom privaten und inoffiziellen Bereich, wo ohnehin eigene Regeln galten – bei Bedarf auch für den Anspruch auf Integration nutzen. Prinz Hunerich wird, als er in Rom als Verlobter der Tochter des Kaisers öffentlich

Abb. 3: ‹Vandalischer Reiter› – Villenmosaik aus Bordj Djedid bei Karthago (5./6. Jh.)

auftrat (Seite 56), keine Hosen getragen haben, sondern den römischen Militärmantel (die Chlamys), in der sich später auch vandalische Könige darstellen ließen und in der Gelimer seinen letzten öffentlichen Auftritt (im Hippodrom von Konstantinopel; Seite 115) haben sollte. Derlei Signale machten die Vandalen aber nicht zu Römern. Sie wollten es nicht sein, und es hat sie auch niemand so gesehen. Dies verhinderten ihr bewusster Habitus und Geiserichs gezielte Politik der Separation. Die Gefahr, dass 80 000 Vandalen sich in einem um ein Vielfaches größeren Meer von Romano-Afrikanern auflösen könnten, wurde so gebannt. Die Kehrseite dieser Unterscheidbarkeit war jedoch eine gewisse Isolation, deren Folgen im letzten Kapitel der Vandalenherrschaft in Afrika deutlich werden sollten (Seite 117).

Die Abgrenzung begann den Quellen (vor allem Salvian) zufolge übrigens sofort nach der Eroberung Karthagos 439 und auf einem Gebiet, das man gemeinhin kaum als vandalische Domäne ansehen wird: dem der öffentlichen Moral. Wenn wir jedoch das Selbstverständnis oder jedenfalls die Selbstdarstellung der Gens bei ihrem Eroberungszug ernst nehmen, kann dieses Engagement nicht verwundern: Die Vandalen waren als Eroberer gekommen, die sich eines besonderen und im Vergleich zur Religion der Romanen überlegenen Verhältnisses zu Gott rühmten. Dies musste sich irgendwie auch auf die Lebensweise auswirken, und was lag da näher, als dass man nicht nur die Mauern Karthagos besetzte, sondern auch das sündige Großstadtleben der Metropole demonstrativ ins Visier nahm: Es gab offenbar Maßnahmen gegen die Prostitution.

In diesem Zusammenhang sind wohl die glaubwürdigen Aussagen Victors zu verstehen, der von der Zerstörung einiger Gebäude bei der Eroberung berichtet (1,8). Da die Stadt nicht wirklich umkämpft war, liegt es nahe, dass die Aktionen einen anderen Hintergrund hatten. Tatsächlich gehören die genannten Bauwerke (besonders Theater, Odeon und «Caelestis-Straße», die auf den seit einigen Jahren zerstörten Tempel dieser Stadtgöttin Karthagos zuführte) in einen Kontext, der christliche Moralisten schon immer aufgebracht hatte: den der *spectacula*, also der Schauspiele. Namentlich die Darbietungen der Schauspielerinnen zu Ehren der karthagischen Caelestis waren berühmt und berüchtigt. Die Vandalen zogen hier gewaltsam einen Schlussstrich, der sie auch von der städtischen Kultur Karthagos trennte. Dass sie dieses Engagement eigentlich einem Teil der romanischen Christen Karthagos hätte näherbringen können, die schon früher – mit begrenztem Erfolg – gegen die heidnischen ‹Spektakel› aufgetreten waren, stellte nur eine theoretische Möglichkeit dar. Was hier zählte, war die Frontlinie zwischen Römern und Barbaren, wie sich schon daran zeigt, dass Victor zwar die genannten Zerstörungen erwähnt, jedoch als Akte der Barbarei; er hütet sich, sie in den Zusammenhang einer moralischen Offensive der neuen Herren zu rücken. Wie lange diese übrigens anhielt, wissen wir nicht.

7. Geiserichs Kampf gegen das Imperium Romanum (455–474)

Die Eroberung Roms (455). Dass der Vandalenkönig nach dem Vertrag von 442 ein ruhiges, ja freundliches Verhältnis zum Römischen Reich anstrebte, wurde schon dargelegt. Er zeigte sich vertragstreu, wartete geduldig auf die versprochene Hochzeit seines Sohnes Hunerich mit der Tochter des Kaisers und ließ auf dessen Bitten 454 sogar die Wahl eines neuen katholischen Bischofs in Karthago zu. Schon im folgenden Jahr kam es aber zum völligen Bruch in dieser scheinbar so entspannten Beziehung: Geiserich ließ die Stadt Rom plündern. Aus welchem Grund? Die entsetzten Reaktionen, die sich in unseren Quellen spiegeln, lassen das nicht wirklich erkennen. Letztlich gehen sie davon aus, dass es ihm um die Beute ging und dass er – Gelegenheit macht Diebe – die günstige Situation ausnutzte, als nach der Ermordung des Kaisers einerseits sein Vertragspartner nicht mehr existierte und andererseits die Instabilität in Rom einen Überfall leicht machte. Valentinian hatte sich 455 in völliger Verkennung seiner Möglichkeiten von der Übermacht seines Heermeisters Aëtius durch dessen eigenhändige Ermordung zu befreien versucht; ein Teil des Heeres verweigerte ihm danach jedoch den Gehorsam, und ein halbes Jahr später erlag er selbst einem Attentat, das Aëtius rächen sollte. Die Nachfolgefrage war ungeklärt, und der am Ende erfolgreiche Kandidat (Petronius Maximus) schwach. Das Heer blieb auf Distanz zu ihm. So hatte Rom zwar gewaltige Mauern, jedoch nicht genug Verteidiger, sodass die Ankunft der vandalischen Schiffe in der Tibermündung Panik hervorrief. Auch Petronius Maximus versuchte zu fliehen, wurde dabei jedoch getötet. Die Vandalen samt ihren maurischen Hilfstruppen waren nicht mehr aufzuhalten. Immerhin kam es, bevor am 2. Juni die Tore geöffnet wurden, wohl durch Vermittlung von Papst Leo zu einer Abmachung: Die Römer würden sich der Plünderung nicht widersetzen, wenn ihre Stadt sowie Leib und Leben ihrer Bewohner erhalten blieben.

War es aber wirklich nur Beutegier, die den Vandalenkönig wieder auf den Kriegspfad gebracht hatte? War der bisher dem Römischen Reich erwiesene Respekt nur Heuchelei gewesen? Die Dinge lagen wesentlich komplizierter. Es war wohl eine Mischung aus berechtigten Sorgen und unrealistischen Hoffnungen, die Geiserich bewogen hatten, nach Italien zu fahren. Sorgen machten ihm, so eine plausible Vermutung, die Politik des mächtigen neuen Heermeisters Avitus beziehungsweise dessen enge Verbindungen zu den gotischen Foederaten, die dieser aufgesucht hatte, um sie wieder in römischen Dienst zu nehmen; hierzu hatten sie sich nach dem Tod Valentinians nicht mehr verpflichtet gefühlt. Dass es für Avitus mit diesem großen gentilen Heer im Rücken ein Leichtes sein würde, den weitgehend isolierten Kaiser zu verdrängen, war Geiserich ebenso klar wie die Gefahr, die davon für die Vandalen ausgehen würde. Eben noch Freunde des Kaisers (Valentinian), wären sie dann Feinde der wichtigsten Verbündeten seines Nachfolgers (Avitus). Geiserich konnte diese Entwicklung nur verhindern, wenn er direkt in die römische Politik eingriff, und wo konnte das wirksamer geschehen als in Rom? Diese Überlegung des Königs war nicht unrealistisch. Seine falschen Hoffnungen bezogen sich demgegenüber auf seine Möglichkeiten, die Thronfolge im römischen Kaiserreich tatsächlich konstruktiv zu beeinflussen. Dass die Tochter des toten Kaisers seinem Sohn versprochen war, scheint er aus einem personalistischen Missverständnis des Kaisertums heraus deutlich überbewertet zu haben (die Nachricht, Valentinians Witwe habe ihn zu Hilfe gerufen, ist unglaubhaft). Der Kaiser war ohne nachfolgefähigen Erben gestorben, die Dynastie des Theodosius damit beendet. Nun würden andere versuchen, sich an der Spitze des Staates zu behaupten. Ein Vandale, der sich Hoffnungen gemacht hatte, in die frühere kaiserliche Familie einzuheiraten, konnte dabei nur eine Randfigur sein. Geiserich akzeptierte diese Nebenrolle nicht, und sein Griff nach Rom sollte seinem Anspruch auf Mitbestimmung Nachdruck verleihen.

Die Vandalen erbeuteten in Rom große Reichtümer und kostbare Kunstwerke, die oft ihrerseits – man denke an den berühmten Tempelschatz von Jerusalem – einmal römische Beute gewesen waren. Man ging nicht zimperlich vor. Die Göttertempel, die man in Rom immer noch als museale Verkörperungen der glorreichen Geschichte bewunderte, wurden jetzt nach ihrem Materialwert taxiert und gegebenenfalls auseinandergenommen; so erging es etwa dem Jupitertempel auf dem Kapitol, der sein vergoldetes Dach verlor. Vierzehn Tage lang machten die Vandalen reiche Beute, ‹wie die Vandalen› verhielten sie sich aber nicht, obwohl es vor allem diese ins kollektive Gedächtnis geradezu eingebrannte Aktion war (Abb. 4), auf der man im 18. Jahrhundert den ‹Vandalismus›-Vorwurf aufbaute (Kapitel 10). Rom sollte nicht ideologisch getroffen werden, geschweige denn, dass blinde Zerstörungswut am Werk war. Die Ausplünderung der Stadt hatte vielmehr einen sehr rationalen und handfesten Zweck: Die verarmte Reichszentrale würde stark behindert sein, wenn man versuchen sollte, sich durch die Verpflichtung von Foederaten zu konsolidieren und wieder militärisch aktionsfähig zu werden.

Dass neben Sachwerten auch menschliche Beute auf die Schiffe gebracht wurde, hatte ebenfalls einen weiteren Hintergrund als nur den, später für die Freilassung der Gefangenen Lösegeld erhalten zu wollen. Denn Geiserich bemächtigte sich auch Valentinians Witwe und seiner beiden Töchter, offenbar mit dem Ziel, in der Nachfolgefrage künftig auch mit Hilfe dieser Pfänder mitbestimmen zu können. Tatsächlich hat er dann die jüngere Tochter Placidia und ihre Mutter nicht eher freigelassen, als bis die ältere, Hunerichs Verlobte Eudocia, diesen geheiratet und auch Placidia einen den Vandalen genehmen Ehemann bekommen hatte (462). Offenbar glaubte Geiserich, damit den dynastischen Schlüssel zum Kaisertum in der Hand zu haben, womit er allerdings, wie schon erwähnt, einer Fehleinschätzung unterlag. Als später deutlich wurde, dass er das westliche Kaisertum nicht determinieren konnte, wollte er es wenigstens so tiefgreifend schwächen, dass es ihm nie mehr gefährlich werden könnte.

Der vergebliche Kampf des Westreichs gegen Geiserich (455–462). Tatsächlich krankte Ravennas Verteidigung gegen

Abb. 4: «Die Vandalen plündern Rom»;
Stich von Heinrich Leutemann, 1872

die Ansprüche des Vandalen dann nicht daran, dass die hochgeborenen Gefangenen in Karthago die Handlungsfreiheit der Kaiser einschränkten. Weitaus störender waren zum einen die leeren Kassen und Getreidespeicher (seit 455 gab es keine Lieferungen aus Africa mehr) und zum anderen die Weigerung Konstantinopels, Avitus, der tatsächlich den Thron errungen hatte, oder seinen Nachfolger Maiorianus (457–461) als Kaiser anzuerkennen. Diese Politik beruhte auf einer im Nachhinein schwer verständlichen Sichtweise. Wir kennen den Ausgang der Geschichte, also den Untergang des weströmischen Reiches, der auch das oströmische vielfältig in Mitleidenschaft zog. Damals aber zielte Konstantinopel eher darauf ab, das Westreich zu einer Art Dependance zu machen. Seine existentielle Gefährdung erkannte man dagegen nicht. Die Vandalen schienen somit in diesem Machtspiel durchaus nützlich zu sein. Man verurteilte ihren Überfall nicht, vermied jede klare Stellungnahme, beharrte indes darauf, dass nur oströmische Anerkennung einen Westkaiser legitimierte. Wurde diese das Gesamtreich eher schwächende Politik wirklich von Kaiser Leo I. und nicht eher von seinem fast allmächtigen Heermeister Aspar gemacht (der ja schon in Africa gezeigt hatte, dass er die Kombination von einem schwachen Westreich und starken Vandalen keineswegs als schädlich ansah)? Jedenfalls gab das Taktieren in Konstantinopel den Vandalen Argumentationshilfe.

Geiserich wollte mit allen Mitteln verhindern, dass sich das Westreich gewissermaßen an ihm vorbei konsolidierte; denn dann wäre es zwangsläufig zwischen Ravenna und Karthago zu einem Entscheidungskampf gekommen. Militärisch versuchte er, die Widerstandskraft Italiens durch viele kleine Angriffe zu zermürben. Sein Gegenspieler war dabei der immer mächtiger werdende weströmische Heermeister Rikimer, dem in der zweiten Hälfte der 450er Jahre einige Abwehrerfolge gelangen. Sie waren die Voraussetzung für eine letzte Kraftanstrengung, mit der Kaiser Maiorianus das Reich noch einmal stabilisieren wollte. Dem standen die Vandalen entgegen. Ihre widerrechtliche Okkupation ganz Africas, die das Reich wirtschaftlich strangulierte, wollte er beenden. Ihre ständigen Angriffe auf Sizilien, Sardinien und Korsika sowie in Süditalien würden damit an der Wurzel kuriert werden. Er entschloss sich zu einem frontalen Angriff, ließ aufwändig eine große Flotte von 300 Schiffen bauen und nach Südspanien überführen, wo sie darauf warten sollte, sein Heer nach Mauretanien überzusetzen. Dieses Manöver hätte das Vandalenreich in große Gefahr gebracht, da zweifelhaft war, ob seine Kämpfer einem großen römischen Heer gewachsen waren. Prophylaktisch versuchte man, einen Heereszug auf dem Landweg in Africa durch Zerstörung von Infrastruktur an der Wegstrecke unmöglich zu machen. Parallel dazu bat man um Friedensverhandlungen, die der Kaiser aber, seiner Sache sicher, ablehnte.

Erfolgreich war schließlich eine dritte Strategie Geiserichs: Sie basierte wahrscheinlich auf Bestechung. Die Vandalen konnten sich eines Großteils der auf das Heer wartenden Schiffe bemächtigen, woraufhin Maiorianus umkehren musste. Geiserich war es damit nicht nur gelungen, diesen gefährlichen Angriff abzuwehren, er hatte auch erreicht, dass ihm von Westen her kein weiterer folgen konnte. Denn eine neue Flotte zu bauen, überforderte Ravenna, und ohne Schiffe waren die Vandalen nicht zu bezwingen. Hinzu kam, dass der tatkräftige, aber glücklose Kaiser (der zwar immerhin noch einen Status quo-Frieden mit Geiserich schließen konnte, was aber unter den gegebenen Umständen die dauerhafte Anerkennung der Vandalen bedeutete) nach seiner Rückkehr nach Italien von Rikimer gestürzt und getötet wurde (462). Dessen Kalkül war einerseits realistisch und andererseits für das Westreich desaströs. Eine Verbindung des Kaisers mit den Vandalen konnte ihm persönlich nur schaden; denn sie erlaubte diesem vielleicht einen eigenständigen Zugriff auf das für ihn selbst unerreichbare Militärpotential in Africa. Rikimers Machtperspektive beruhte auf zwei Konstanten: Zum einen musste er die Kaiser, die ‹unter ihm› herrschten, militärisch vollständig kontrollieren, zum Zweiten sollte der weströmische Aktionsradius jetzt im Wesentlichen auf Italien beschränkt werden. Nur dies sicherte ihm die Macht. Von einem Reich konnte dann allerdings nicht mehr die Rede sein, zumal selbst in Italien die Stabilität kaum mehr institutionell gesichert war, sondern immer mehr vom persönlichen Reüssieren des Heermeisters abhing. Die folgenden 15 Jahre kann man durchaus als Agonie des Westreiches bezeichnen.

Die Vandalen nahmen nach Maiorianus' Tod – ihren Vertrag mit ihm sahen sie als beendet an – die Angriffe auf Sizilien und Süditalien sofort wieder auf. In Konstantinopel reagierte Kaiser Leo darauf aber in anderer Weise als zuvor. Ihm war – zu spät, wie sich im Rückblick zeigen sollte – klar geworden, dass er das Weströmische Reich stützen musste, wenn es überleben sollte, und er verlangte deshalb von Geiserich zunächst die Freilassung der Familie Valentinians. In Karthago war man bereit, darauf einzugehen, wenn man dem eigentlichen Ziel der Entführung – Einflussnahme auf das Kaisertum des Westens – näher käme. Tatsächlich wurden noch im Jahr 462 zwei vandalisch-römische Ehen geschlossen bzw. verabredet; Hunerich heiratete Eudocia und deren jüngere Schwester Placidia den römischen Aristokraten Olybrius (mit dem sie ebenfalls schon lange verlobt gewesen war) aus der einflussreichen Familie der Anicier. Nicht Ravenna stimmte dieser Doppelhochzeit zu, wohl aber Konstantinopel, das nun jedoch mit ansehen musste, wie Geiserich diese Verbindung nutzte, um das Westreich weiter zu schwächen. Die Angriffe auf Italien wurden fortgesetzt, gleichzeitig wurden absurde Erbansprüche erhoben (Geiserich gerierte sich gleichzeitig als Rechtsnachfolger des Valentinian und des Aëtius), bei denen es jedoch nur darum ging, etwas anderes zu erzwingen: das Kaisertum des Olybrius.

Die Schwäche des Vandalenreiches. In dieser Zeit offenbarte sich jedoch auch eine die weitere Entwicklung bestimmende Schwäche des Vandalenreiches. Trotz der weitgreifenden Pläne Geiserichs und seiner Erfolge war es nur eingeschränkt expansionsfähig, weil die Vandalen schlicht zu wenige waren, um das weit gespannte Netz ihrer Stützpunkte im westlichen Mittelmeer zu konsolidieren, und gleichzeitig zu isoliert, um ihre Militärmacht dauerhaft vergrößern zu können. Geiserich hatte zwar die Unterstützung maurischer Stämme, diese waren jedoch nur an der Beute beteiligt, nicht an der Herrschaft (Seite 93). In dieser Hinsicht blieb man allein, was letztlich eine Konsequenz der gentilen Ausrichtung des Vandalenreiches war: Man hatte Africa im Alleingang erobert und sah sich danach von Feinden bzw. Konkurrenten umgeben. Falls Geiserichs Politik gegenüber dem westlichen Imperium der Versuch war, aus dieser Situation herauszukommen (und nicht einfach eine Überschätzung der eigenen Möglichkeiten), hätte sie langfristig nur dann erfolgreich sein können, wenn sich damit irgendwann eine integrative Politik verbunden hätte. Unter Geiserich (und auch unter seinen Nachfolgern) ist es dazu aber nie gekommen.

Vor diesem Hintergrund ist die Rede von Geiserich als dem ‹König des Mittelmeeres› oder gar seinem an die punische Seemacht erinnernden Mittelmeerreich äußerst missverständlich. Seine Möglichkeiten werden damit stark überzeichnet. Es war die (von ihm selbst herbeigeführte) Schwäche des Westens, die es ihm erlaubte, einzelne Teile des sich auflösenden Körpers dieses Reiches in Besitz zu nehmen. Es auch nur teilweise zu ersetzen, war er jedoch zu keiner Zeit in der Lage. Aus der Perspektive der betroffenen Siedlungen schien seine Macht zwar grenzenlos zu sein, denn sie waren seinen Angriffen schutzlos ausgeliefert. Besetzte er aber dauerhaft Positionen, etwa auf Sardinien und Sizilien, musste er erleben, dass er konzentrierten Angriffen nicht gewachsen war. Anders als oft angenommen wird, bestand seine Flotte nicht aus echten Kriegsschiffen (schlanken, auf den Rammkrieg spezialisierten Ruderschiffen), sondern aus Transportschiffen. Die Vandalen konnten damit überall angreifen, größere Eroberungen aber bei Gegenangriffen kaum halten. Allerdings ging seit den 460er Jahren für die Vandalen eigentlich nur noch von Konstantinopel Gefahr aus. Hier existierten noch genügend Schiffe (darunter auch die *dromones*, «Läufer» genannten, mittlerweile selten gewordenen Kriegsschiffe), um größere Truppenmengen überall am Mittelmeer einzusetzen, und die Vandalen hatten schon mehrfach erfahren müssen, dass sie, wenn es tatsächlich dazu kam, in Schwierigkeiten gerieten.

Vergebliche Attacken des Ostreichs und ‹ewiger Friede› (467–474). Es war vielleicht Geiserichs größte politische Fehleinschätzung, dass er glaubte, der Ostkaiser würde sich zumindest damit abfinden, dass die Vandalen im westlichen Mittelmeer weitgehend frei schalten und walten konnten. Für den Heermeister Aspar mag dies gegolten haben. Aufs Ganze gesehen unterschätzte diese Sichtweise jedoch die immer noch vielfältigen Verbindungen zwischen den beiden Reichsteilen, namentlich auf der Ebene der Eliten. Geiserich dürfte äußerst unangenehm überrascht gewesen sein, als Kaiser Leo 467 in Abstimmung mit dem weströmischen General Rikimer einen neuen und vielversprechenden Kaiser in Ravenna einsetzte: Anthemios, den Sohn eines Heermeisters und Schwiegersohn des früheren Kaisers Markian. Der Vandale scheint sich dadurch regelrecht düpiert gefühlt zu haben, denn er weitete seine Raubzüge nun sogar auf den Osten aus.

Anthemios (467–472) aber, der gute Kontakte auch zum Militär hatte, war nicht nur der Ehre wegen in den Westen gegangen; er hatte vor, dort wirklich zu herrschen. Das Vandalenreich, so wie es unter Geiserich agierte, verhinderte dies, weswegen der neue Kaiser sich von seinem östlichen ‹großen Bruder› hatte zusichern lassen, dass es mit Geiserichs Herrschaft nun endlich vorbei sein sollte. Aspars Stern schien am Sinken zu sein; Kaiser Leo versuchte, militärische Gegengewichte zu schaffen, und ein neuer Vandalenkrieg wurde geplant.

In Konstantinopel wurde dafür unter erheblichem Aufwand ein großes Heer ausgerüstet, eingeschifft und nach Westen transportiert, wo den Vandalen schnell klar wurde, dass sie bei einer direkten Konfrontation wenig Chancen hatten. Der Kommandeur des Kaisers (zugleich sein Schwager) namens Basiliskos traf jedoch eine Entscheidung, die das Vandalenreich erneut rettete. Er ließ die Flotte am Kap Bon, ca. 60 km vor Karthago (Karte 6), ankern und begann Verhandlungen. Geiserich aber nützte die eingeräumte Frist und überlistete die Byzantiner: Er wartete einen günstigen Wind ab und ließ dann unvermutet Brander auf die ankernde Flotte zutreiben, die einen großen Teil davon in Flammen setzten. Und schon waren die Vandalen heran, die alle feindlichen Schiffe, die nicht rechtzeitig manövrierfähig geworden waren, attackierten, ausraubten und versenkten.

Nur die Hälfte der Armada konnte mit ihrem Oberbefehlshaber nach Sizilien entkommen. Dieser kehrte als Versager nach Konstantinopel zurück, wo ihn allerdings seine Schwester, die Gattin des Kaisers, vor einer Bestrafung schützte.

Dass er sich einfach hatte bestechen lassen und den Sieg den Vandalen verkauft hatte (wie schon von Zeitgenossen vermutet wurde), ist unwahrscheinlich, denn die Schande der Niederlage war zu groß und für seine ehrgeizigen Pläne – es ging ihm um nichts Geringeres als den Kaiserthron – äußerst hinderlich. Er dürfte vielmehr darauf spekuliert haben, die Vandalen ohne Kampf zur Kapitulation zwingen und zu seinen Verbündeten machen zu können, was durchaus auf der früheren Linie Aspars lag. Dieser hatte einer kriegerischen Konfrontation sicher widerraten, sie war dennoch (und gegen ihn) beschlossen worden. Nun war das Unglück geschehen und die Investition verloren, Aspars Stellung aber noch einmal gerettet.

Kaiser Leo gab seine Pläne allerdings nicht sofort auf. Er ließ 470 einen neuen (und letzten) Versuch beginnen, in das Vandalenreich einzudringen, diesmal auf dem Landweg und von Ägypten aus. Nachdem man die Wüste an der großen Syrte mit Schiffen umfahren hatte, stand das Heer plötzlich in Tripolitanien, und Geiserich musste erneut über Friedensverhandlungen nachdenken. Dazu kam es aber nicht, weil der Kaiser sein Heer plötzlich zurückbeorderte, ohne dass wir über die Gründe genau informiert sind. Es müssen schwere innenpolitische Verwerfungen gewesen sein, die ihn dazu zwangen, und nach Lage der Dinge kommt dafür nur der Kampf gegen Aspar in Frage, dem es im selben Jahr gelungen war, die Tochter des Kaisers mit seinem Sohn zu verloben, der sogar zum Nachfolger erklärt wurde. Kaiser Leo glaubte (wie 455 Valentinian – aber mit größerem Erfolg), sich aus dieser Umklammerung nur mit Gewalt lösen zu können, und ließ seinen Heermeister 471 ermorden. Nun wäre der Weg zu einem erneuten Vandalenkrieg wieder frei gewesen, aber nach zwei kostspielig gescheiterten Versuchen musste Leo nach einer anderen Möglichkeit suchen, Geiserich zu bestrafen. Er griff zu der früher schon einmal erfolgreichen Strategie, gotische Foederaten für sich einzuspannen, in diesem Fall auf dem Balkan agierende Ostgoten unter Theoderich Strabo, der diesen Auftrag allerdings ablehnte. Im selben Jahr machte Leo den Heermeister Julius Nepos zum neuen Kaiser in Italien; damit lag ein neuer vom römischen Westen ausgehender Vandalenkrieg zumindest im Bereich des Möglichen.

Im Januar 474 starb Leo jedoch, und sein Nachfolger Zenon, auch er ein ehemaliger Heermeister, schätzte Vorteile, Kosten und Risiken eines erneuten Waffengangs anders ein. Er begann, mit den Vandalen über einen neuen und endgültigen Vertrag zu verhandeln. Das Weströmische Reich am Leben zu erhalten schien ihm (falls überhaupt erstrebenswert) kein realistisches Ziel mehr zu sein. Stattdessen ging es ihm um Einflusssphären in Gallien und Hispanien sowie um Kontrolle auf dem Balkan und in Italien, wo es seit 472 gar keinen legitimen Kaiser mehr gab. Zenon sah sich bei den Verhandlungen in der ersten Jahreshälfte 474 (die alternative Datierung des Vertrages auf 476 ist schlechter begründet) also befugt, als Vertreter des Gesamtreiches zu agieren. Das Ergebnis war ein zeitlich unbegrenzter Vertrag, der die Feindseligkeiten zwischen dem Reich und den Vandalen dann tatsächlich für knapp sechzig Jahre beendete. Geiserich verpflichtete sich zur dauerhaften Einstellung aller Angriffe und zur Ermöglichung katholischer Gottesdienste in Karthago; das Regiment in den Siedlungsgebieten der Vandalen blieb unverändert. Im Gegenzug erkannte der Kaiser die vandalischen Besitzungen und Eroberungen im westlichen Mittelmeer an. Ob das Thema des westlichen Kaiserthrons überhaupt angeschnitten wurde, wissen wir nicht.

Eine entsprechende Regelung wäre jedenfalls schon zwei Jahre später gegenstandslos gewesen, da im August 476 der letzte weströmische Kaiser in Italien, ein Kind namens Romulus, von Odoaker, dem neuen germanischen Machthaber in Ravenna, abgesetzt wurde, das Imperium Romanum in seinem Ursprungsgebiet also faktisch beendet war. Geiserich reagierte auf Odoakers Herrschaft und seine Verabschiedung des Westreichs in bezeichnender Weise: Er überließ dem Thüringer und seinem Foederatenheer die Verfügungsgewalt über den Großteil Siziliens (von dem er nur die Nordwestecke behielt), gegen die Zusicherung von Tributzahlungen. Offenbar war die Insel im Vertrag von 474 den Vandalen zugeschlagen worden, die für sie nun aber keine Verwendung mehr hatten, da der Kampf mit Ravenna ja vorbei war. Eine flächendeckende Kontrolle hatte Geiserich hier ohnehin nie ausüben können. Auf Tribute Odoakers war er zwar sicher nicht angewiesen, er wahrte so aber seine Besitzansprüche und konnte sich überdies endlich in einer Position sehen, um die er seit zwanzig Jahren gekämpft hatte: als Patron des neuen Herrschers in Ravenna. Diese Herrschaft war jedoch keine römische mehr, und sie reichte über Italien nicht mehr hinaus. An beidem hatte Geiserichs Politik nicht unerheblichen Anteil.

Als er im Januar 477 im Alter von fast 90 Jahren und nach knapp fünfzigjähriger Regierungszeit in Karthago starb, konnte man ihn in vielerlei Hinsicht als den erfolgreichsten Herrscher eines Germanenreiches seiner Zeit bezeichnen. «Geiserich der Große» also? Dass ihn niemand für diesen Ehrentitel jemals vorgeschlagen hat, kann nicht an mangelnden Leistungen für seine Gens und ihr afrikanisches Reich liegen. Mit Geschick, Tatkraft und gehörigen Portionen an Schläue und Rücksichtslosigkeit hatte er seine Herrschaft nicht nur errungen und stabilisiert, sondern auch so abgesichert, dass seine vier Nachfolger ohne außenpolitische Bedrohung regieren konnten. Auch innenpolitisch hielten sie sich dabei weitgehend an Grundsätze, die Geiserich etabliert hatte. Zu fragen ist aber, ob der schnelle Untergang des Vandalenreiches nicht unmittelbar auch mit diesen Grundsätzen zu tun hatte (Seite 117).

8. Die Nachfolger Geiserichs (477–530)

König Hunerich im Streit mit den beiden afrikanischen Kirchen (477–484). Die Bilanz König Hunerichs, der 477 die Nachfolge seines Vaters Geiserich antrat, könnte man mit gutem Grund tragisch nennen. Denn obwohl er vorhatte, die Gegensätze zwischen den beiden Kirchen in Africa zu verringern und das Verhältnis zu Konstantinopel zu verbessern, waren am Ende seiner Regierungszeit die Fronten sogar verhärtet. Hunerich scheint einen Konflikt heraufbeschworen zu haben, den er eigentlich nicht gewollt hatte, der ihm jedoch bei einem Projekt helfen sollte, das er hartnäckig bis zu seinem Tod im Jahr 484 verfolgte, ohne ans Ziel zu kommen: Er wollte seinen Sohn Hilderich zum Nachfolger machen, obwohl die vandalische Thronfolgeregelung dies eigentlich ausschloss (Seite 58 f.). Sein vergeblicher Kampf führte am Ende zu zwei – von ihm gleichermaßen ungewollten – Ergebnissen. Er hatte eine sich bis zu seinem Tod immer weiter verschärfende Verfolgung der katholischen Kirche im Vandalenreich unternommen, die in Africa tiefe Gräben aufgerissen hatte, und das Verhältnis zu Konstantinopel verschlechtert. Sein Bild in den römischen Quellen hat er damit verdüstert, und auch die Vandalen werden sich an ihn als einen Gescheiterten erinnert haben. Seine aggressive Kirchenpolitik hat auf der Gegenseite die Schrift eines karthagischen Klerikers namens Victor provoziert, die immerhin unsere einzige literarische Quelle darstellt, die sich hauptsächlich mit dem Vandalenreich beschäftigt. Ihr Thema ist allerdings eng – des Königs grausame Verfolgung und das standhafte Leiden seiner Opfer –, und der Tenor ist natürlich parteiisch. Das Werk berichtet jedoch von Personen und beinhaltet Realien, darunter Edikte, des Vandalenreiches, von denen wir sonst nichts wüssten.

Hunerich betrieb zunächst eine Politik des Interessensausgleichs, die so weit ging, dass er im Jahr 481 die Wahl eines katholischen Bischofs in Karthago gestattete. Vielleicht spielte dabei eine Rolle, dass sich zwischen der östlichen Reichskirche und jener der Romano-Afrikaner ein theologischer Dissens über die Verbindlichkeit der Beschlüsse des Konzils von Chalkedon (451) entwickelt hatte. Einen allzu engen Schulterschluss brauchte Hunerich also nicht zu fürchten. Stattdessen nutzte er die Chance, bei der alten Oberschicht an Akzeptanz zu gewinnen und das Verhältnis zum Kaiser zu verbessern. Warum es dann jedoch zu einer genau entgegengesetzten Entwicklung kam, bedarf einer Erklärung. Für Victor war dies zum einen die Folge von Interventionen der arianischen Hierarchie (die vor dem Missionserfolg des neuen Bischofs warnte) und zum anderen das Ergebnis einer schrittweisen Enthüllung von Hunerichs wahrer Persönlichkeit. Weder bietet aber diese traditionelle Tyrannentopik eine plausible Begründung noch der Hinweis auf Einwände der arianischen Kirche. Denn deren Widerstand musste Hunerich bei einem solchen Kurs einkalkuliert haben. Wahrscheinlicher ist ein anderer Zusammenhang: Wir wissen, dass Hunerichs Kampf gegen die ältere Rivalin der arianischen Kirche in Africa, die katholische Kirche, auf schwere innervandalische Auseinandersetzungen folgte. Sie waren dadurch ausgelöst worden, dass der König, wie gesagt, seinen Sohn Hilderich zum unmittelbaren Nachfolger machen wollte, was eben Geiserich kurz vor seinem Tod noch explizit ausgeschlossen hatte. Mit der Thronfolge Hilderichs wären Hunerichs nach der traditionellen Regelung vor ihm platzierte Brüder Theuderich und Gento ebenso ausgeschlossen worden wie deren Nachkommen (Abb. 1).

Wir wissen nicht, wie Hunerich seine Neuerung begründete. Erkennbar ist eigentlich nur eine mögliche Argumentation: Hilderich war der Sohn einer römischen Kaisertochter. Die übergangenen Zweige der hasdingischen Königsfamilie wird dies allerdings kaum überzeugt haben; sie werden jedenfalls auf die ihre Rechte schützende Tradition verwiesen haben, und auch die arianische Kirche dürfte sich wenig von einem König versprochen haben, der stolz seine römischen Vorfahren hervorhob. Hinzu kam, dass der Patriarch der Arianer in enger Verbindung zum Haus des Theuderich stand. Nachdem der König diesen verbannt und seine Frau, die ihm offenbar besonders gefährlich erschien, sowie den ältesten Sohn der beiden hingerichtet hatte, weil dieser in der nächsten Generation – noch vor Hilderich – an der Reihe gewesen wäre, wagte von den Hasdingen offenbar niemand mehr, offen zu opponieren. Der Patriarch jedoch gab seinen Widerstand nicht auf. Hunerich ließ ihn daraufhin mitten in Karthago öffentlich verbrennen (Victor von Vita 2,13). Aber diese Gewaltakte konnten anscheinend nur den offenen Widerstand ersticken, und dem König dürfte klar geworden sein, dass die Vandalen, unabhängig von dem, wozu sie aktuell gezwungen wurden, nach seinem Tod die traditionelle Nachfolgeregelung praktizieren würden. Vor diesem Hintergrund ist erklärlich, dass er die Strategie wechselte und nun versuchte, von der vandalischen Elite und namentlich von der arianischen Hierarchie auf Grund neuer Maßnahmen und Perspektiven als ein Herrscher anerkannt zu werden, dessen Politik unbedingt die Fortsetzung durch den eigenen Sohn verdiente.

Seine Maßnahmen waren sachlich durchaus geeignet, der arianischen Kirche zu gefallen; dennoch überzeugten sie diese nicht, sei es weil die Instrumentalisierung zu offensichtlich war, sei es weil man dem anvisierten Nachfolger (Hilderich) nicht traute. Vielleicht hatte Hunerich bis zu seinem Tod 484 auch einfach nicht genug Zeit, wieder Vertrauen zu schaffen. Seine kirchenpolitischen Maßnahmen waren jedenfalls ziemlich radikal. Sie liefen darauf hinaus, der katholischen Kirche im vandalischen Africa die Existenzberechtigung zu entziehen. Wir hören von Massendeportationen von Klerikern und entehrenden Strafen für hartnäckige Konversionsverweigerer, von einer inszenierten Disputation über Lehrfragen in Karthago (die katholischen Bischöfe waren gezwungen worden, sich 484 hier einzufinden), von ihrer aller Verbannung und schließlich von einem Edikt – mehr Demonstration als konkrete Handlungsanweisung –, das von allen Romano-Afrikanern des Vandalenreiches die Konversion verlangte. Ihr sollte dann eine Wiedertaufe folgen.

Dazu ist es nicht gekommen, auch wenn die Verfolgungsmaßnahmen sicher nicht ohne Wirkung blieben. Das von Hunerich letztlich erhoffte Resultat (wenn die vorgeschlagene Interpretation zutrifft) blieb jedenfalls unerreicht: Als Hunerich Ende 484 nach schwerer Krankheit starb, folgte ihm nicht sein Sohn Hilderich, sondern, wie die alte Regel es vorsah, Gentos ältester noch lebender Sohn Gunthamund. Wie deutlich Hunerichs Kirchenpolitik von den Vandalen als persönlich motiviert angesehen wurde, lässt sich daran ablesen, dass Gunthamund sie nicht fortführte. Er brauchte dabei offenbar nicht zu fürchten, als ein König angesehen zu werden, der damit vandalische Interessen verriet.

Die Maurenstämme Africas und das Vandalenreich. Das beherrschende Thema der Regierungszeit Gunthamunds scheint ein anderes gewesen zu sein, nämlich das Verhältnis zu den *Mauri*, das sich schon unter Hunerich gewandelt zu haben scheint. Als Mauren bezeichnet man die vorrömische ländliche Bevölkerung Africas, soweit sie in gentilen Strukturen lebte, wobei es erhebliche Unterschiede zwischen nomadischen, seminomadischen und sesshaften Stämmen gab. Als die Vandalen Africa durchquerten, scheint es nicht zu Konflikten mit ihnen gekommen zu sein. Wahrscheinlich war klar, dass die neue Gens nicht die Randzonen Africas im Auge hatte, sondern ins römische Kernland vordringen wollte und insofern für die Maurenstämme, die die Südgrenze des Reiches bedrängten, keine Konkurrenz, sondern vielmehr eine Art Unterstützung bedeutete. Geiserich gelang es dann tatsächlich, die Mauren zu Bundesgenossen zu machen. 455 plünderte er mit ihnen Rom, und er nahm sie anschließend mit auf seine Raubzüge im Mittelmeer.

Die Befestigungen an der Südgrenze, die vom Römischen Reich verteidigt worden war, spielten unter den Vandalen keine Rolle mehr. Das war folgerichtig, denn nicht die Mauren waren ihre Gegner gewesen, sondern die römischen Städte. Konsequenterweise ließ Geiserich deren Befestigungen zerstören, um eventuell aufflammendem römischen Widerstand den Rückhalt zu nehmen. Dass sich das Verhältnis der Maurenstämme zum Vandalenreich einmal grundlegend ändern könnte, scheint er nicht bedacht zu haben. Weder hat er versucht, sie durch Missionierung an sich zu binden (Seite 62), noch scheint er die Bündnisse mit ihnen institutionalisiert und durch Getreidelieferungen verstetigt zu haben, wie dies später die byzantinischen Herren Africas praktizierten. Geiserich war sich seiner Macht wohl zu sicher gewesen, als dass ihm eine substantielle Partnerschaft nötig erschienen wäre; er aktivierte seine Bundesgenossen nur von Fall zu Fall bei auswärtigen Unternehmungen. Dies scheint gut funktioniert zu haben, war mit dem Frieden von 474 jedoch vorbei. Jetzt brauchte er die Mauren nicht mehr.

Gunthamund und die militärische Schwäche der Vandalen (484–496). Als die Zeit der Plünderungsfahrten im Mittelmeer vorüber war, sahen einige Maurenstämme keinen Vorteil mehr in einer (auf ihrem Stillhalten gegründeten) Allianz mit den Vandalen und begannen, die bisher akzeptierten Grenzen unter Druck zu setzen. Sie fassten in den südlichen Regionen aller vandalischen Provinzen Fuß und drängten weiter nach Norden bzw. Osten. Hunerich hatte auf diese Entwicklung nicht reagiert (obwohl er das Aurès-Gebiet an sie verloren hatte), sein Fokus war auf die Innenpolitik gerichtet gewesen. Gunthamund (484–496) dagegen führte Maurenkriege. Die Voraussetzungen dafür waren allerdings schlecht. Römische Forts, von denen aus man die Gegner hätte dauerhaft unter Druck setzen können, hatte man selber zerstört. Eine größere Schlacht zu ermöglichen, in der das vandalische Heer seine Überlegenheit hätte ausspielen können, hüteten sich die Mauren. So blieb es wohl oft genug bei Szenarien, wie sie der afrikanische Literat Fulgentius im Vorwort seiner «Mytheninterpretationen» beschreibt: Schnelle Raubzüge zwingen die römische Bevölkerung in befestigte Gehöfte, von wo aus sie die Plünderung des Landes mitansehen müssen. Wenn dann der Vandalenkönig mit seinen Reitern eintrifft, sind die Eindringlinge oft schon wieder verschwunden. Kein Wunder, dass sich bei dieser Bedrohung die römische Landbevölkerung früher oder später zurückzog oder sich mit den Mauren arrangierte. Beides führte dazu, dass die Vandalen die Kontrolle über die entsprechenden Gebiete verloren, wie dies unsere Quellen für den Raum südlich von Cillium und Thelepte schon um 490 und später für die Gegenden südlich von Theveste (Karte 6) nahelegen. Auch westlich von Hippo Regius scheint die vandalische Kontrolle sehr schwach geworden zu sein. All die betroffenen Gebiete hatten jahrhundertelang unter römischer Herrschaft gestanden; ihre Preisgabe gefährdete zwar nicht das Kernland der Vandalen, dürfte die Akzeptanz ihrer Herrschaft bei den Römern aber nicht erhöht haben.

Wer sich jedoch nach anderen Beschützern umsah, konnte diese nur in Konstantinopel finden. Schon Victor von Vita, dessen Werk in den ersten Jahren der Regierungszeit Gunthamunds veröffentlicht wurde, hatte hilfesuchend nach Osten geblickt, jedoch ohne dort die erwünschte Reaktion zu erhalten (3,68). Eine tatkräftige, über diplomatische Initiativen hinausgehende Intervention in Africa stand nicht auf der Agenda Kaiser Zenons. Botschaften von Afrikanern in diese Richtung konnten von den Vandalen zudem als Hochverrat gewertet werden. So erging es dem wohl größten lateinischen Dichter der Vandalenzeit, Dracontius von Karthago, der unter Gunthamund wegen dieses Vorwurfs ins Gefängnis geworfen wurde. Von dort aus richtete er ein *Satisfactio* betiteltes Abbittegedicht an den König, um wieder freizukommen. Seinen Sündenfall erwähnt er hier nur mit allgemeinen Wendungen und ohne den *dominus* zu benennen, den er irrtümlich gelobt habe (94 f.). Viel spricht aber dafür, dass es Kaiser Zenon war. Dass Gunthamund Wert auf literarische Elogen legte, lässt sich daraus nicht schließen, wohl aber zeigt es, dass seine Leistungsbilanz nicht ausreichend war, um alle römischen Untertanen auf seine Seite zu bringen, und dies, obwohl er von der rigiden Religionspolitik seines Vorgängers Abstand genommen hatte.

Dass die vandalischen Truppen in Maurenkämpfe verwickelt waren, hatte wahrscheinlich auch Auswirkungen auf die Außenpolitik. Nominell war der König ja noch der Oberherr Siziliens. Odoaker war jedoch mittlerweile in Italien von Theoderich und seinen Ostgoten abgelöst worden, und die sahen keinen Sinn darin, sich den schwächeren Vandalen in irgendeiner Weise unterzuordnen. Nach einer Niederlage auf Sizilien musste Gunthamund jeglichen Anspruch auf die Insel aufgeben. Da die Ostgoten jedoch keinerlei Ambitionen zeigten, Flottenunternehmungen zu beginnen oder gar Africa gefährlich zu werden, sondern sich zunächst ganz auf Italien konzentrierten, schien dieser Verlust durchaus zu verschmerzen zu sein. Insgesamt galt dies auch für die geänderte Situation im Süden. Das Vandalenreich war also nicht in Gefahr, aber überall auf dem Rückzug.

Thrasamund (496–523) und die Ostgotin Amalafrida. Erst unter Gunthamunds Nachfolger gab es einen Aufschwung, allerdings nicht aus eigener Kraft, sondern auf Grund der neuen Politik des Ostgotenkönigs. Theoderich war zwar in oströmischem Auftrag nach Italien gekommen, konnte sich aber – gerade wegen seines Erfolges hier – nicht sicher sein, wie sich die kaiserliche Politik ihm gegenüber entwickeln würde. Er war der erste Herrscher eines gentilen Regnum, der aus dieser Situation und aus der ungeklärten Machtfrage im Westen eine neue Konsequenz zog: die verschiedenen germanischen Reiche auf ehemals römischem Boden sollten sich verbünden und gegenseitig absichern, und zwar auf der Basis dynastischer Bande, wobei an der Spitze der dadurch entstehenden neuen großen Herrscherfamilie niemand anders als Theoderich selbst stehen würde. Zu diesem Netzwerk sollten die Franken und die Westgoten gehören, aber auch die Burgunder und eben die Vandalen, zuletzt auch die Thüringer. Das gotisch-vandalische Bündnis wurde dann im Jahr 500 besiegelt, als Theoderichs verwitwete Schwester Amalafrida mit großem Gefolge in Karthago eintraf, um den kinderlosen Vandalenkönig zu heiraten.

Diese Verbindung schien auch den vandalischen Interessen entgegenzukommen – nicht nur weil die Braut als Mitgift die von den Vandalen vor kurzem verlorene Nordwestecke Siziliens in die Ehe brachte, sondern weil jetzt die Gefahr gebannt war, dass die Ostgoten mit ihrer überlegenen Militärmacht die noch bei den Vandalen verbliebenen Besitzungen im Mittelmeer (besonders Sardinien) in Frage stellten. Neben den Ostgoten hatten außerdem auch die Vandalen Anlass, misstrauisch nach Konstantinopel zu blicken. Das Bündnis schien also in beiderseitigem Interesse zu sein.

Die Allianz mit den Ostgoten zerbröckelt. Dann aber kam es innerhalb der neuen Völkerfamilie in Gallien zu schweren Auseinandersetzungen. Sie hatten Auswirkungen bis nach Karthago, wo man vielleicht schon vorher gemerkt hatte, dass aus einer Umarmung schnell eine Umklammerung werden konnte. Das ostgotisch-vandalische Kräfteverhältnis war ja ungleich, wie sich schon an der großen Zahl (6000) gotischer Bewaffneter gezeigt hatte, die Amalafrida nach Africa begleitet hatten. Das vandalische Heer umfasste insgesamt kaum mehr als doppelt so viele Kämpfer. Diese Diskrepanz wurde nicht etwa überspielt, sondern – jedenfalls gelegentlich – als Gehorsamspflicht ausgelegt, wenn auch sicher nicht offiziell (vgl. Ennodius, Lobrede auf Theoderich 70). Gleichzeitig geriet Theoderichs Bündnissystem auch von anderer Seite aus unter Druck. Kaiser Anastasius sah die Interessen seines Reichs durch Theoderichs Ausgreifen auf den Balkan (und vielleicht auch durch seine Bündnisse) gefährdet und entschloss sich zu einer aktiven Politik gegen ihn. Geschickt nutzte er Rivalitäten und divergierende Interessen in Gallien aus, die allerdings wohl ohnehin zu einer gewaltsamen Entscheidung drängten. Schließlich kam es 507 zur für die Westgoten und ihren König katastrophalen, für Chlodwigs Franken erfolgreichen Schlacht von Vouillé (bei Poitiers), nach der die Verlierer einen Sohn ihres gefallenen Königs Alarich II. namens Gesalech zum König machten, der jedoch vor den Siegern nach Spanien fliehen musste. In dieser Situation ließ Theoderich erkennen, wie er mit schwächeren Verbündeten umzugehen bereit war, wenn sie seinen Interessen schadeten. Diese waren tatsächlich berührt, da Gesalech mit den Franken und Burgundern Verhandlungen aufnahm, während Theoderich alles daran setzte, sie vom Mittelmeer fernzuhalten; sie konnten ihm gefährlich werden, und genau darauf setzte der Kaiser. Also jagte Theoderich 510 den legitimen westgotischen König kurzerhand davon und übernahm selbst dessen Thron.

Thrasamund fürchtete nun offenbar, dass Theoderich als Herrscher über das Ost- und das Westgotenreich ein äußerst gefährlicher Schwager sein würde, und er traf eine risikoreiche Entscheidung: er nahm den flüchtigen Gesalech in Karthago auf und stattete ihn zwar nicht mit Truppen, wohl aber mit erheblichen Geldmitteln aus, die dieser nutzte, um den Kampf um sein Reich fortzusetzen. Thrasamund dürfte ihm echte Chancen eingeräumt haben, was jedoch eine Fehleinschätzung war; 511 wurde Gesalech endgültig besiegt und getötet. Der Vandalenkönig sah sich jetzt natürlich dem Zorn Theoderichs ausgesetzt, den wir in der diplomatischen Verbrämung eines Briefes seines lateinischen Sprachrohrs Cassiodor kennen (Variae 5,43), aus dem auch hervorgeht, dass Amalafrida von den Beratungen in Karthago ausgeschlossen war. Auch ihr mächtiges Ehrengeleit war damals sicher schon zum großen Teil nach Italien zurückgekehrt.

Das ostgotisch-vandalische Kräftegefälle war und blieb eindeutig, und auch die vollen Schatzkammern in Karthago konnten, wie Thrasamund nun hatte lernen müssen, den Vandalen keinen neuen (westgotischen) Verbündeten erschaffen. Er musste also bei den alten bleiben, wenn er sein Reich nicht gänzlich isolieren und in große Gefahr bringen wollte. Also sandte er rasch ein Entschuldigungsschreiben und reiche Versöhnungsgeschenke. Theoderich nahm die Entschuldigung an (die Geschenke sandte er selbstbewusst zurück), und Thrasamund stand vor aller Augen als blamierter Juniorpartner da, der künftig auf eigene außenpolitische Initiativen würde verzichten müssen. Aus seiner Ehefrau war eine Art Aufpasserin geworden, eine Rolle, die ihr später allerdings zum Verhängnis werden sollte.

Thrasamund muss sich aus Tripolitanien zurückziehen. Die vorstehende Rekonstruktion beruht nicht etwa auf einer erzählenden Quelle, sondern auf wenigen verstreuten Zeugnissen, die zu einem Bild zusammengefügt werden müssen. Kohärente Überlieferungen aus seiner Regierungszeit haben wir für zwei andere Politikfelder, auf denen er allerdings ebenfalls wenig erfolgreich gewesen zu sein scheint. Zum einen haben wir den Bericht Prokops (Vandalenkrieg 1,8,15–29) von einer spektakulären Niederlage, bei der er im Gebiet von Leptis Magna in Tripolitanien einen großen Teil seines Reiterheeres gegen Kamelnomaden verloren haben soll, wodurch jedenfalls klar wird, dass vordringende Mauren nun auch im Osten des Vandalenreiches ein Problem darstellten. Zum anderen spiegeln eine Lebensbeschreibung des katholischen Bischofs Fulgentius (Vita Fulgentii) und dessen überlieferte Werke Thrasamunds Religionspolitik, das heißt seine Auseinandersetzung mit der katholischen Kirche Africas.

Thrasamund und die arianische Kirche. Für diese Bemühungen des Königs haben wir also erneut, wie schon für frühere Phasen des Konfliktes, nur Quellen der gegnerischen Seite. Dennoch lässt sich erkennen, dass auch Thrasamund (wie seine Vorgänger) glaubte, diese durch systematische Verbannungen ihrer Führungsschicht, also der Bischöfe, auf Distanz halten zu müssen. Über 100 Exilierte waren schließlich in Sardinien versammelt, unter ihnen ihr geistiger Anführer, eben Fulgentius von Ruspe. Es ist durchaus möglich, dass Thrasamunds harte Haltung in dieser Hinsicht auch als Abgrenzung von der wesentlich konzilianteren Religionspolitik Theoderichs zu verstehen ist. Denn die Verbannungen erfolgten genau in der eben beschriebenen Phase, als sich der Vandale auch politisch vom Ostgotenreich zu lösen versuchte, und eine Andeutung in Theoderichs erwähntem Protestbrief dürfte sich darauf beziehen, dass dieser Dissens zwischen den beiden Königen von Thrasamund auch thematisiert wurde.

Thrasamunds Engagement für ‹seine› Kirche und ihr Glaubensbekenntnis hatte aber auch eine innenpolitische Komponente, die oft übersehen wird. Wir wissen, dass der König im späteren zweiten Jahrzehnt des 6. Jahrhunderts Fulgentius aus Sardinien nach Karthago zurückrief, damit er hier vor dem König kontroverstheologische Disputationen mit prominenten Arianern führte. Der Herrscher selbst engagierte sich damit über das erwartbare Maß hinaus (wie auch an ihn gerichtete überlieferte Werke des Fulgentius zeigen), und wir müssen erklären, warum er sich derartig exponierte bzw. mit seinen Mitstreitern den Argumentationskünsten des in dieser Hinsicht überlegenen Fulgentius überhaupt aussetzte. Sich dabei mit seinem besonderen theologischen Interesse zufrieden zu geben, wie dies heute weithin geschieht, unterschätzt die politischen Implikationen von Religion im Vandalenreich. Erneut scheint sich nämlich die Bekenntnisfrage mit der Nachfolge im Königreich verbunden zu haben. Hunerichs Sohn Hilderich wartete schon lange auf den Thron, und je älter Thrasamund wurde, desto sicherer konnte er sein, ihn zu beerben; er war ja der älteste Prinz der nachfolgenden Generation (Seite 58 f. und Abb. 1).

Hinzu kam eine Besonderheit, die unter den bisherigen Sukzessionen einzigartig war: Hilderich hatte eine andere Herrschaftsauffassung, ja man kann sogar sagen: ein anderes Programm als sein Vorgänger. Wir wissen dies nicht nur, weil er nach Thrasamunds Tod entsprechend agierte, sondern auch, weil man diesen Kurswechsel offenbar schon vorher von ihm erwartete – man versuchte schließlich, noch zu Lebzeiten Thrasamunds, ihn zu einer Garantie der bisherigen Besitzstände zu bewegen. Diese Diskrepanz musste fast zwangsläufig zu einer Spaltung der Königsfamilie und der Elite führen, da ein Teil es sicher mit dem neuen König hielt, dessen Thronbesteigung nur eine Frage der Zeit war. Da aber Thrasamund nicht bereit war, auf die Linie seines Nachfolgers umzuschwenken, und da die Differenzen nicht zuletzt die Stellung der arianischen Kirche in Africa betrafen, verband sich der Behauptungswille des alten Königs mit dem ‹seiner› Kirche und führte zu einem inhaltlich durchaus traditionellen religionspolitischen Engagement, das aber um ein neues Element erweitert war: Die Überlegenheit der arianischen Theologie sollte nun nicht nur (wie unter Hunerich) dekretiert, sie sollte erwiesen werden, und zwar gerade auch vor den Augen und Ohren der Vandalen, bei denen sie offenbar teilweise in Zweifel gezogen wurde. Mit einer Inszenierung war es also nicht getan. Vor diesem Hintergrund werden die Bewegungsfreiheit und der lange Aufenthalt des eigentlich verbannten Fulgentius in Karthago erklärbar; er scheint sogar, bevor er schließlich doch wieder nach Sardinien zurückkehren musste, deutlich gemacht zu haben, dass sich das kirchenpolitische Klima bald, nämlich unter dem nächsten König, ändern werde (Vita Fulgentii 21).

Thrasamund dürfte in seinem letzten Jahrzehnt tatsächlich Schwierigkeiten gehabt haben, die Vandalen von seinen Erfolgen zu überzeugen. Außenpolitisch war er in einer Koalition mit Theoderich eingemauert, in der er wenig zu sagen hatte, die ihm aber dennoch das Misstrauen Konstantinopels einbrachte. In Africa wachte Amalafrida über seine Bündnistreue, während die erhofften Siegeslorbeeren im Kampf gegen die vordringenden Maurenstämme ausblieben. Da war es verständlich, dass er sich noch enger als seine Vorgänger an die arianische Kirche anschloss und ihren theologischen Auseinandersetzungen öffentlich Sympathie entgegenbrachte, auch wenn er damit offenbar nur noch einen Teil der Vandalen hinter sich vereinigen konnte.

Ein Feld allerdings gab es, auf dem er allseits glänzen konnte: das der herrscherlichen Repräsentation. Seine Schatzkammern quollen über, und er zeigte dies auch, nicht zuletzt durch die Verschönerung seiner verschiedenen Residenzen an der Küste. Damit regte er einige Dichter der immer noch florierenden traditionellen literarischen Kreise in Karthago an, ihre Verskunst auch beim Preis dieser Bauten zu zeigen. Die Ergebnisse sind teilweise in einer Anthologie erhalten, die im Karthago der ausgehenden Vandalenzeit zusammengestellt wurde: Gelobt wird hier Thrasamunds Reichtum und der Glanz seiner Residenz in Karthago oder der Bau von Thermenanlagen an einem ruhigen Landsitz des Königs (Anthologia Latina 201–205; 371). In welchem Kontext diese Gedichte standen, an wen sie primär gerichtet waren und wie König und Hof darauf reagierten, ist für ihre Interpretation wichtig, aber nicht leicht festzustellen.

Hilderichs Kurswechsel (523). Als Hilderich an die Macht kam, setzte er eben das ins Werk, was von ihm erwartet worden war: Er begann eine Neuausrichtung des vandalischen Staates. Wir wissen nicht, wie groß dabei der Rückhalt war, auf den er zählen konnte. Sicher stand er nicht allein – er hatte seine Sympathien ja bereits vor seinem Regierungsantritt deutlich werden lassen, wie wir gesehen haben –, aber es gab auch von Anfang an Opposition. Dafür sorgte schon Amalafrida, die Witwe Thrasamunds, die auch die Interessen ihres Bruders in Ravenna vertrat. Auch dort wurde Hilderichs Thronbesteigung sicher mit Sorge betrachtet. Wohin würde seine Politik führen? Lag an ihrem Ende nicht die Konversion des Königs und eine Entwicklung, wie sie bei den Franken schon stattgefunden hatte? Die hatten sich als Gegner der Westgoten in Gallien etablieren können und waren sogar von Ostrom ideell aufgewertet worden, wo man sich der westlichen Kirche angenähert und gegenüber dem Ostgotenreich zuletzt zunehmend feindlich gezeigt hatte.

Amalafrida wurde unseren – zugegebenermaßen spärlichen – Quellen zufolge zur Schlüsselfigur des Widerstandes gegen Hilderich. Am Ende führte das zu ihrem Tod. In der Forschung gibt es die Tendenz, sie als eher untätiges und schwaches Opfer darzustellen, dem die Sieger (und Täter) etwas andichteten. Dies mag auch damit zusammenhängen, dass das Bild Hilderichs in der Moderne meist mit wenig Sympathie gezeichnet wird. Wenn man aber die Gesamtsituation betrachtet, scheint es plausibler, in ihr eine energische, wenn auch erfolglose Akteurin zu sehen. Schon während der Gesalech-Affäre war ihre Politikfähigkeit deutlich geworden. Und konnte Hilderich wirklich irgendein Interesse daran haben, sich ihren Bruder und das gesamte Ostgotenreich grundlos zum Feind zu machen? Viel wahrscheinlicher ist, dass die königliche Witwe tatsächlich die bisherige Ausrichtung des Vandalenreiches zu retten versuchte, der auch ihre lange Ehe mit dessen verstorbenem König gedient hatte.

Zunächst scheint sie versucht zu haben, Hilderichs Nachfolgerecht in Frage zu stellen; darauf deutet jedenfalls eine Formulierung im ostgotischen Protestschreiben nach ihrem Tod (Cassiodor, Variae 9,1,2). Die Begründung dürften seine ‹revolutionären› Pläne gewesen sein. Damit drang sie jedoch nicht durch. Nun griff sie zu einem noch schärferen Mittel: sie suchte Unterstützung bei einem Maurenstamm aus der Gegend von Capsa, mit dem sie (und ihre gotische Garde) wohl ältere Beziehungen unterhielt. Als die Königin Karthago heimlich in Richtung Süden verlassen hatte, war ihr Aufstandsversuch offenkundig, und die in der Stadt verbliebenen Goten wurden getötet. Amalafridas kühnes Unternehmen misslang dann schnell; sie wurde gefangen gesetzt und kam unter ungeklärten Umständen zu Tode, ohne die Freiheit wiedererlangt zu haben. Ihr Bruder hat das wohl nicht mehr erlebt. Er hatte allerdings schon vorher, im Frühling 526, umfangreiche Flottenrüstungen begonnen, um das Vandalenreich anzugreifen. Dies verhinderte Ende August jedoch sein Tod. Ob sein Nachfolger Athanarich auf das erwähnte Protestschreiben, in dem er Aufklärung über die Umstände ihres Todes forderte, überhaupt eine Antwort erhielt, wissen wir nicht. Jedenfalls hatte das Ostgotenreich jetzt andere Sorgen, und Hilderichs Herrschaft war zunächst gesichert.

Was dieser plante, war nichts anderes als der Abschied von der betont gentilen Ausrichtung des Vandalenreiches; er wollte dessen bisherige klare Abgrenzung von römischen (kulturellen, religiösen und politischen) Traditionen beenden. Dass seit 518 in Konstantinopel ein Kaiser (Justin) regierte, der wieder eine gewisse Bereitschaft erkennen ließ, in Africa Interessenpolitik zu betreiben, war für Hilderichs Vorhaben ebenso förderlich wie für seine Gegner beunruhigend. Erneut zeigte sich dabei die politische Dimension der Konfessionsfrage. Denn es war viel mehr als ein Akt religiöser Toleranz, als Hilderich die katholische Kirche in Africa von den bisherigen Verboten und Restriktionen befreite, die exilierten Bischöfe zurückkehren ließ, einen katholischen Metropoliten in Karthago akzeptierte, den Neubau von Kirchen gestattete und Synoden zuließ. Zwar wurde der enteignete Besitz nicht restituiert und die arianische Kirche folglich insofern nicht direkt in Mitleidenschaft gezogen, es wurde aber klar, dass es für den König jetzt zwei akzeptierte Kirchen in Africa gab. Dies aber bedeutete: Hilderich verstand sich fortan (zumindest tendenziell) als König der Vandalen *und* der Römer, die er offenbar nicht mehr als Unterworfene betrachtete; wahrscheinlich durften sie nun sogar militärische Funktionen ausüben.

Eine besondere Rolle spielte dabei Hilderichs vandalisch-römische Herkunft (Abb. 1). Jetzt endlich konnte er (der «Erbe zweier Kronen», wie er sich nennen ließ) sie öffentlich so bewerten, wie er es schon lange hatte tun wollen. Im Prunksaal einer seiner Residenzen ließ er die Taten seiner kaiserlichen Vorfahren darstellen und mit einem Gedicht preisen (Anthologia Latina 206). Schon dass dafür Hexameter benutzt wurden, eine Versform der traditionellen lateinischen Bildungskultur, war ein deutliches Signal. Auch die Häuser ihm verbundener vandalischer Adliger öffneten sich jetzt für römische Literaten. Die Beziehungen zum oströmischen Kaiserhof waren nun von beiden Seiten aus exzellent.

Gerade die Betonung von Hilderichs kaiserlichen Vorfahren enthielt für alle Vandalen, die die neuen Entwicklungen ungern sahen, eine klare Warnung. Die besondere Qualität von Hilderichs Königtum konnte schließlich nur dann Bestand haben, wenn ihn andere Nachfolger dieses Zweigs der Hasdingerfamilie beerben würden, was durch die traditionelle Nachfolgeregel jedoch eigentlich ausgeschlossen war; denn ihr gemäß würde Gelimer, ein Sohn des Hunerich-Bruders Gento, der nächste Vandalenkönig werden. Und Hilderich hatte wahrscheinlich erkennen lassen, dass nicht dieser sein Wunschnachfolger war, sondern einer der beiden Söhne seines jüngeren Bruders. Dem älteren von ihnen mit Namen Hoamer hatte er den Oberbefehl über das gesamte vandalische Heer übertragen; Hilderich selbst, bereits ein alter Mann, hatte offenbar keine militärischen Ambitionen. Solange sein Neffe siegreich war (die Gegner waren, wie bisher, vordrängende Maurenstämme), war diese Aufstellung stabil. Schwierig würde es erst werden, wenn Hoamers Erfolgsserie einmal abbrechen sollte.

Gelimers Umsturz (530). Genau dies geschah dann 530 oder kurz vorher. Wieder war es der Kampf gegen Mauren, dem sich die Vandalen stellen mussten. Mittlerweile verteidigte man Gebiete, die dem Kernland der Vandalen ziemlich nahe lagen. Ein Maurenstamm hatte, angeführt von einem gewissen Antalas, den vandalischen Reitern wahrscheinlich im Gebiet von Theveste eine Falle gestellt und eine empfindliche Niederlage beigebracht. Hoamer hatte zwar nicht das Kommando geführt, er und letztlich der König waren dafür aber verantwortlich. Dieser sah sich plötzlich erheblicher Opposition ausgesetzt, die er dadurch zu besänftigen suchte, dass er seinem regulären Nachfolger, also Gelimer, einige königliche Rechte überließ, vor allem wahrscheinlich das Heereskommando. Gelimer scheint anschließend tatsächlich gewisse Erfolge im Kampf mit gegnerischen

Mauren gehabt zu haben, indem er andere Mauren als Hilfstruppen gewann. Als er nun siegreich nach Karthago zurückkehrte, dürfte er den Königsthron schon so nah gesehen haben, dass er nicht mehr warten wollte, sondern direkt zugriff. Unterstützt von Teilen der Elite forderte er Hilderich in einer Versammlung der Vandalen heraus, wobei dessen militärische Inkompetenz sicher eine gewisse Rolle spielte. Entscheidend aber war der Quellenüberlieferung zufolge etwas anderes, nämlich die Behauptung, dass Hilderich das Vandalenreich an den byzantinischen Kaiser Justin I. ausgeliefert habe (Prokop, Vandalenkrieg 1,9,8). Der war zu dieser Zeit bereits tot (seit 527 herrschte in Konstantinopel Kaiser Justinian), der Vorwurf bezog sich also auf die Anfangsjahre Hilderichs und auf seine Neuformierung des Vandalenreiches, die dadurch rückblickend als Verrat gebrandmarkt wurde. Hilderich habe, so hieß es, damit seiner engeren Familie den Thron sichern wollen. Gelimer hatte mit diesen Attacken den gewünschten Erfolg (die Vandalen machten ihn zum König), weil der alte König einerseits zu wenige Unterstützer hinter sich versammeln konnte und andererseits die Vorwürfe gegen ihn nicht vollständig aus der Luft gegriffen waren. Er hatte sein Reich ja tatsächlich umorientiert, damit waren aus Sicht seiner Gegner die Grundsätze Geiserichs zumindest missachtet, wenn nicht gar verraten. Und wenn dieser neue Kurs dauerhaft beibehalten werden sollte, durfte der nächste König tatsächlich nicht Gelimer heißen.

Aber was auch immer Hilderich für seine Nachfolge unternommen haben mag, nach der Niederlage gegen Antalas hatte er in dieser Hinsicht offenbar resigniert. Hauptangriffspunkt Gelimers blieb also die Vergangenheit, jene Jahre nach 523, deren Entscheidungen nun rückgängig gemacht werden sollten. Hierfür brauchte es personelle Konsequenzen (prominente Gegner, Vandalen wie Romanen, wurden neutralisiert, soweit Letztere nicht nach Konstantinopel entkamen); Hilderich und seine beiden Neffen wurden ebenfalls in eine Art Hausarrest genommen. Todesurteile gab es (noch) nicht. Hilderichs Kurswechsel war jedenfalls gänzlich gescheitert.

Wie wäre die Geschichte weitergegangen, wenn Hilderich

dauerhaft Erfolg gehabt hätte? Hätte er es, wie gut 50 Jahre später der Westgotenkönig Rekkared, vielleicht fertigbringen können, Römer und Vandalen in ein gemeinsames – dann früher oder später katholisches – Reich zu integrieren und diesem eine längere Zukunft zu verschaffen? Natürlich ist eine weit vorgreifende kontrafaktische Spekulation immer unsicher, hier aber gibt es spezielle Gründe, skeptisch zu sein. Hilderichs Versuch fand gewissermaßen zu früh statt und am falschen Ort. Zu früh, weil der Widerstand gegen Hilderich bei den Vandalen und in der arianischen Kirche damals offenbar noch erheblich war, während Rekkareds Politik zwar auch starken Widerstand, aber stärkeren Rückhalt fand. Und am falschen Ort, weil das afrikanische Provinzialgebiet auch im 6. Jahrhundert noch das Filetstück des (ehemals) weströmischen Reiches war, das so oder so Begehrlichkeiten im Osten geweckt haben dürfte, während das hispanische Westgotenreich von seiner Randlage profitierte.

9. General Belisars Invasion und die byzantinische Reconquista (533–534)

Die oben dargestellte Rekonstruktion der Ereignisse von 530 macht erklärlich, warum Gelimer nicht das erwartet zu haben scheint, was durch die Entmachtung Hilderichs tatsächlich ausgelöst wurde: die militärische Intervention Justinians. Nicht ihn hatte er ja in seiner Anklage vor den Vandalen zum Verbündeten des verräterischen Hilderich gemacht, sondern seinen Vorgänger. Aus Gelimers Sicht war nun wieder alles so, wie es Geiserichs Staatsordnung und dem Frieden von 474 entsprach.

Die Entscheidung in Konstantinopel. In Konstantinopel sah man das jedoch anders, jedenfalls was den Kaiser angeht, seit 527 Justins Neffe Justinian. Hilderich hatte enge Verbindungen zu ihm und zum Kaiserhof, wo er zeitweilig auch gelebt hatte, gepflegt; er hatte sogar Münzen mit der Legende des Kaisers prägen lassen. Der Umsturz in Karthago hatte Justinian also sicherlich enttäuscht, zunächst begnügte er sich jedoch mit einer Gesandtschaft nach Karthago, die Gelimer zu einem Kompromiss bewegen sollte: Dieser sollte dem alten und ohnehin nicht mehr lange lebenden König den Titel lassen und als Regent die eigentliche Macht behalten. Gelimer aber verschärfte daraufhin die Haft der eingekerkerten Königsfamilie. Wahrscheinlich fürchtete er, dass die Freilassung Hilderichs als Zeichen der Schwäche verstanden würde und die Partei des Gestürzten damit wieder Aufwind bekäme. Um dies endgültig zu verhindern, ließ er Hilderichs vandalische Unterstützer töten und Hoamer blenden; jede Hoffnung dieser Seite, noch einmal dauerhaft an die Macht zu kommen, war jetzt dahin.

Justinian schickte nun eine zweite Gesandtschaft; sie brachte ein Zugeständnis und eine klare Drohung: Man werde die Sache auf sich beruhen lassen, aber nur dann, wenn Gelimer die Inhaftierten nach Konstantinopel entlasse. Damit drohte er indirekt eine militärische Aktion an, und er lieferte auch gleich eine Begründung dafür: Gelimer sei ja nicht der legitime König der Vandalen (der sitze im Gefängnis), und der Friedensvertrag von 474 beziehe sich nur auf echte Nachfolger Geiserichs. Dass Gelimer hierauf nicht einging, ist verständlich. Er wollte mit dem Kaiser nicht auf einer Basis interagieren, die diesem faktisch das Aufsichtsrecht über die vandalische Sukzession – und damit dauerhafte Interventionsgründe – zugestand. Er teilte dem Kaiser kühl mit, dass ihn die Situation im Vandalenreich nichts angehe. Jeder Herrscher solle sich nur um die eigenen, nicht um fremde Angelegenheiten kümmern – den Vandalenkönig und den Kaiser stellte er damit auch begrifflich auf dieselbe Stufe. Bei einem Bruch des Friedensvertrages würden die Vandalen mit aller Macht Widerstand leisten (Prokop, Vandalenkrieg 1,9,20).

Bis zu diesem Zeitpunkt hatte man in Konstantinopel offenbar noch keine Pläne für eine Invasion. Im Gegenteil: Die Fehlschläge der Vergangenheit und die angespannte Lage an der Ostgrenze des Reiches waren für die Berater des Kaisers gute Gründe, vor einem weiteren vandalischen Abenteuer zu warnen. Diese herausfordernde Antwort Gelimers soll bei Justinian jedoch den Wunsch starkgemacht haben, ihn dafür bezahlen zu lassen.

Welche anderen, ‹rationaleren› Gründe für den Feldzug könnte es gegeben haben? Vieles ist denkbar: Der Kaiser wollte schon seit Längerem das Römische Reich in seiner alten Ausdehnung wiederherstellen, ihn lockte der Reichtum Africas, oder er wollte von innenpolitischen Schwierigkeiten ablenken. Belegen lässt sich nichts davon. Warum aber sollte die in den Quellen gegebene Begründung, dass sich der Kaiser durch die Ablehnung seiner Bitte, mit der er seinem Schützling zuhilfe kommen wollte, schwer herausgefordert fühlte, nicht ausreichen? Gelimers Herrschaft sollte beendet werden; genauere Pläne für die Zeit danach brauchte man zunächst nicht. Ob Justinian die zweifelnden Experten in Konstantinopel überzeugte, wissen wir nicht. Die aus Karthago geflohenen Anhänger Hilderichs und auch kirchliche

Kreise warben mit Sicherheit heftig für eine Intervention. Im Frühling 533 machte sich jedenfalls eine Invasionsarmee auf den Weg; das Oberkommando hatte der vor kurzem von der persischen Ostfront zurückgekehrte Feldherr Belisar.

Belisars Heer. Für diesen Feldzug verfügen wir mit dem Geschichtswerk des Historikers Prokop, der als (nicht nur juristischer) Berater Belisars daran teilnahm, über eine detaillierte und gut informierte Beschreibung. Ausführlich schildert er die Schwierigkeiten, die zu überwinden waren, bis schließlich eine stattliche Zahl von Kriegsschiffen und hunderte Truppentransporter in sizilischen Häfen versammelt waren; letztere hatten ca. 10 000 Fußsoldaten und 5000 Reiter geladen. Hinzu kamen noch ein paar tausend berittene Spezialtruppen, sodass sich Fußsoldaten und Reiter fast die Waage hielten. Dieses unübliche Verhältnis zeigt, welchen Respekt man vor der vandalischen Kavallerie hatte, obwohl diese in den letzten 100 Jahren keine einzige regelrechte Schlacht geschlagen hatte.

Gelimers notgedrungen lückenhafte Verteidigung. Überhaupt war der militärische Nimbus der Vandalen gewaltig (obwohl man ihre vergleichsweise geringe Zahl sicher kannte), und man war erleichtert, als man in Erfahrung brachte, dass Gelimer zwar in Sardinien auf eine Invasion vorbereitet war (s. unten), nicht aber im Kernland. Warum dies so war, lässt sich nur erschließen.

Die Zahl der vandalischen Kämpfer reichte offenbar nicht aus, um das Reich an seinen drei ‹Fronten› zu verteidigen. Von zweien wusste Gelimer, dass sie bereits angegriffen wurden: Auf Sardinien hatte es im Frühling einen Aufstand des vandalischen Statthalters gegeben, der sich selbstständig gemacht und die Byzantiner um Hilfe gebeten hatte. In Tripolitanien, wo allerdings ohnehin kein vandalisches Militär mehr stand, hatte es eine römische Aufstandsbewegung gegeben, die früher oder später Hilfe aus dem Osten bekommen würde. Letztlich war das feindliche Ziel natürlich Karthago und das Kerngebiet der Vandalen, aber gerade hier glaubte sich Gelimer – fälschlicherweise, wie sich zeigen sollte – sicher. Waren nicht bisher alle römischen Invasionsversuche gescheitert? Das dies nicht unbedingt an der eigenen Kampfkraft gelegen hatte, dürfte er – ebenso wie die vandalische Selbstdarstellung der vergangenen Jahrzehnte – ausgeblendet haben.

Die Situation an der viele hundert Kilometer entfernten tripolitanischen Front war nicht dringlich, wenn man dafür sorgte, dass die aktuelle Grenzzone des Reiches in der Byzacena nicht durch Maurenunruhen verletzlich war. Hierhin hatte sich Gelimer deshalb mit seinem Heer begeben. Als am meisten gefährdet sah er offenbar die Situation auf Sardinien an, wo es für das Vandalenreich von zentraler Bedeutung war, die Kontrolle zu behalten. Mit den 5000 dorthin entsandten vandalischen Reitern (Kommandeur war sein Bruder Tzazo) hatte Gelimer deshalb ungefähr die Hälfte seiner Kavallerie von Africa entfernt. Falls Belisar überhaupt vorgehabt hatte, die Insel von Sizilien aus anzusteuern, dann änderte er nun seinen Plan. Er bereitete jedenfalls – unbemerkt von den Vandalen – die Landung in der Proconsularis vor. Was man unter Belisars Soldaten am meisten fürchtete, nämlich einen Angriff der Vandalen auf die Transportflotte, war nicht zu erwarten, da man in Africa, wie Belisar erfuhr, auch noch im Sommer nichts von seinen Plänen ahnte.

Die Invasion. So konnte ungestört ein Landungsplatz ausgesucht werden, der als Ausgangsbasis geeignet war, nämlich beim Vorgebirge Caput Vada an der Ostküste der Byzacena, heute Ras Kaboudia in Tunesien (Karte 6). Man hatte ganz bewusst einen Sicherheitsabstand von fünf großen Tagesstrecken zu Karthago gewählt, um möglichst unbemerkt das Heer entfalten zu können, und dachte nicht mehr daran, mit Gelimer in Verhandlungen zu treten. Belisar wollte ihn besiegen. Hilderich zurück auf den Thron zu bringen, war zu dieser Zeit wohl kein realistisches Ziel mehr. Dass er überhaupt noch lebte, war wenig wahrscheinlich. Immerhin scheint man halbherzig versucht zu haben, die Vandalen zur Preisgabe ihres aktuellen Königs zu bewegen. Als dieser von der Landung des byzantinischen Heeres erfuhr, schickte er einen Boten nach Karthago und ließ Hilderich, seine seit drei Jahren inhaftierten Familienmitglieder und seine Anhänger aus der römischen Elite töten. Die Fronten waren nun ganz klar.

Belisar zog an der Küste Tunesiens nach Norden. Bei Neapolis trennte er sich von der Transportflotte, die das Kap Bon umrunden musste, und wandte sich direkt nach Karthago. Er wusste, dass seine kleine Armee in großen Schwierigkeiten wäre, wenn sie nicht nur die Vandalen, sondern auch die römische Bevölkerung gegen sich hätte, und hielt seine Soldaten von Plünderungen und Gewalttaten ab. Die Bewohner der Städte (außerhalb der vandalischen Siedlungsgebiete) scheinen wenig Sympathien mit der vandalischen Herrschaft gehabt zu haben.

Die Schlacht am zehnten Meilenstein. Gelimer hatte mittlerweile von der Invasion erfahren und für den 13. September 533 einen konzertierten Angriff geplant, beim Ort Ad Decimum (‹Beim 10. Meilenstein›), also nur ca. 15 km vom Stadtzentrum Karthagos entfernt. Belisar sollte gleichzeitig von vorn, von der Seite und von hinten attackiert werden. Die Koordination misslang aber. Für einen solchen Schlachtaufbau fehlte den Vandalen, die zudem in der Unterzahl waren, Kampferfahrung und taktische Professionalität, nicht zuletzt in der Königsfamilie, die wie üblich das Kommando hatte. Gelimers Bruder Ammatas beging schwere Fehler; auch sein Neffe Gebamund versagte. Beide fielen im Kampf.

Belisars Einzug in Karthago. Dass Gelimer die Schlacht, als die Umzingelung gescheitert war, abbrach, war vernünftig. Er durfte sein Heer, den einzigen Schutz der Vandalen, nicht aufs Spiel setzen. Aber warum zog er sich nun nicht nach Karthago zurück? Den Königsschatz hatte er schon vorher nach Hippo Regius in Sicherheit bringen lassen (im Notfall sollte er zum Westgotenkönig Theudis nach Spanien verschifft werden, der zwar kein Verbündeter, aber auch kein Feind war), aber das erklärt nicht, warum er die Hauptstadt kampflos aufgab. Zwar waren die Stadtmauern nicht instand gehalten worden, deswegen jedoch nicht unbrauchbar. Belisar würde jedenfalls ein ho-

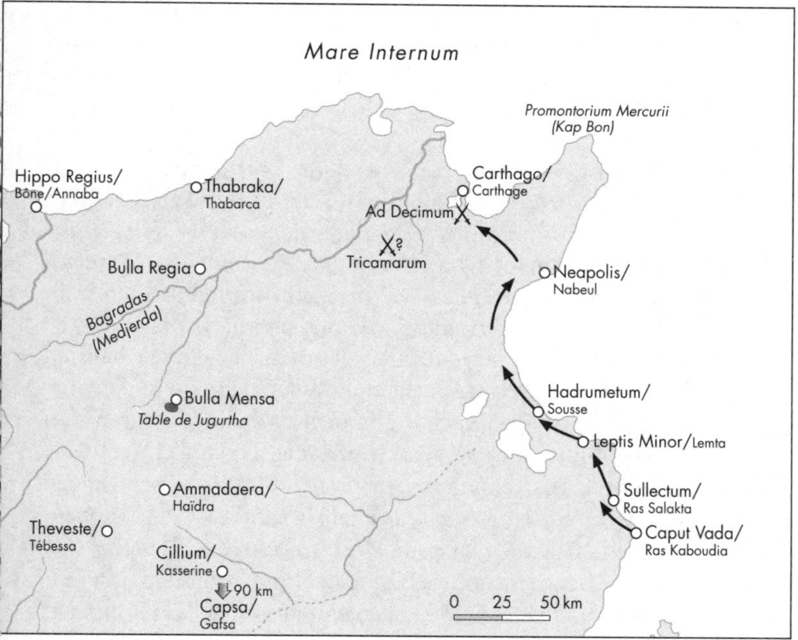

Karte 6: Das Vandalenreich von 533/534 und Belisars Invasion

hes Risiko eingehen, wenn er in eine ungesicherte Stadt einzöge, aus der er allerdings, einmal in ihrem Besitz, kaum mehr zu vertreiben wäre. Erklärlich ist Gelimers Entscheidung, wenn er sich auf die den Vandalen zahlenmäßig immer noch weit überlegene Stadtbevölkerung nicht verlassen konnte. Er fürchtete offenbar, dass sie sich jetzt, wo eine Armee des Kaisers vor den Toren stand, gegen ihn wenden würde. Tatsächlich öffneten die Karthager, kaum waren die Vandalen abgezogen, der byzantinischer Flotte den Hafen.

Belisar glaubte zunächst nicht, dass die Vandalen Karthago aufgegeben hatten, vermutete vielmehr einen Hinterhalt und verbrachte die Nacht außerhalb der Stadt, obwohl diese ihm zu Ehren festlich illuminiert war. Erst am 15. September nahm er die Stadt samt dem Königspalast und seinen noch vorhandenen

Schätzen in Besitz und erklärte die Vandalenherrschaft für beendet. Die zurückgebliebenen Vandalen, die nicht hatten fliehen können, begnadigte er im Vollgefühl dieses leichten und unerwarteten Sieges.

Die Schlacht bei Tricamarum. Gelimer war aber noch nicht geschlagen. In der Ebene von Bulla (s. Seite 114) erwartete er das Eintreffen der aus Sardinien zurückgerufenen 5000 Krieger. Er hoffte auch, hier maurische Hilfstruppen gewinnen zu können. Aber es kamen nur wenige. Die meisten Mauren stellten sich vielmehr Belisar zur Verfügung, wenn auch nur pro forma; tatsächlich warteten sie ab, wer die Oberhand gewinnen würde. Als Tzazo eingetroffen war, zogen die Vandalen von Süden aus in Richtung Karthago. Auch die Frauen und Kinder waren mit allem, was tragbar und wertvoll war, dabei. Vergeblich versuchte man, mittels Bestechung die ethnischen und religiösen Unterschiede in den zusammengewürfelten byzantinischen Truppen auszunutzen. Belisar hielt sein Heer zusammen. Er hatte die Mauern Karthagos instand setzen lassen und konnte es nun mit dieser sicheren Basis auf eine Entscheidungsschlacht ankommen lassen. Sie fand Mitte Dezember 533 bei dem uns unbekannten Ort Tricamarum statt, einen Tagesmarsch südwestlich von Karthago (Karte 6).

Die Szenerie, die Prokop beschreibt, war bezeichnend für die generelle Situation der Vandalen in Africa. Sie waren ein Jahrhundert lang die Herren des Landes gewesen, besaßen jetzt aber nur noch einen kleinen Flecken Erde. Alte, Kinder und Frauen waren mit all ihren Besitztümern in ein (einige Kilometer vom Schlachtort entferntes) Lager gebracht worden und mussten dort den Ausgang des Kampfes abwarten, der ihr Schicksal besiegeln sollte. Rückzugsorte, wo sie zunächst sicher gewesen wären, gab es nicht. Diese sonderbare Lage wird uns noch beschäftigen. Sie war sicher auch ein Grund dafür, dass Gelimer das Risiko einer Schlacht überhaupt einging und Belisar nicht zwingen konnte, ihm ins Landesinnere zu folgen, was die Byzantiner in erhebliche Schwierigkeiten hätte bringen können.

Die Vandalen verloren auch ihre zweite und letzte Schlacht

gegen Belisar, nach tapferem Kampf, der ausschließlich von Berittenen geführt wurde; denn die byzantinischen Fußtruppen waren zunächst noch auf dem Weg. Zwei Mal drängten die vandalischen Reiter die – besser bewaffneten – byzantinischen Angreifer, darunter die Garde des Feldherrn, in erbittertem Nahkampf in ihr Lager zurück. Als aber Tzazo zusammen mit einer Reihe hochrangiger Vandalen gefallen war, floh Gelimer zurück in sein Lager, obwohl er ‹nur› 800 Kämpfer verloren hatte. Als nun die byzantinischen Fußsoldaten herangeführt wurden, denen die Vandalen nichts entgegenzusetzen hatten, ließ der König alles im Stich, und nun flüchtete jeder, so gut er konnte. Aber auch die Byzantiner zerstreuten sich sofort – um Beute zu machen. Das vandalische Lager, Frauen und Kinder waren ja nun schutzlos. Eine überlegte Verteidigung hätte diese Disziplinlosigkeit ausnutzen und, wie Prokop selbst zugibt, die Schlacht mit nur ein paar hundert Reitern noch drehen können. Gelimer aber hatte sich mit seiner engsten Umgebung «auf der Straße nach Numidien» in eine wilde Flucht gestürzt.

Gelimers Flucht und der Verlust des Königsschatzes. Die folgenden Ereignisse berichtet Prokop nicht mehr als Beobachter, sondern vom Hörensagen, und sein historiographischer Ehrgeiz verlagert sich: nicht mehr Genauigkeit ist sein Ziel, sondern ein ‹ansehnliches› Gemälde der Tragödie des letzten Vandalenherrschers. Immerhin war er noch verlässlich über einen Unfall unterrichtet, der den Kommandanten der Gelimer sehr nah gekommenen byzantinischen Verfolger das Leben kostete und dem König noch etwas Spielraum gab. Von Gelimers Aktionen weiß der Historiker dagegen kaum mehr etwas.

In dem Augenblick, als Gelimer bei Tricamarum keine Gewinnchance mehr sah, war Flucht tatsächlich die einzige Möglichkeit, die Gens der Vandalen vielleicht in irgendeiner Form noch zu retten, wenn es ihm nämlich gelänge, mit seinen Getreuen und dem Königsschatz zu den Westgoten zu entkommen und sich ihnen anzuschließen. Sein Ziel war offenbar Hippo Regius, wo für diese Flucht schon alles vorbereitet war. Wahrscheinlich hinderte ihn aber ein Sturm am Auslaufen. Jedenfalls hatte er, als Belisar in Hippo Regius ankam, die Stadt bereits wieder verlassen und war auf einen für die Verfolger zunächst unerreichbaren Berg namens Papua geflohen. Der Königsschatz fiel in die Hände der Byzantiner.

Gelimer auf dem Berg Papua. Prokop kennt die Lage dieses geheimnisvollen Zufluchtsorts des Königs offenbar nicht («am äußersten Ende Numidiens» – aber an welchem?). Der König hatte seine Familie und seine letzten Getreuen hierher in Sicherheit gebracht, auch weil hier ein Maurenstamm die Kontrolle hatte, auf den er sich verlassen konnte. Schon nach der Niederlage bei Ad Decimum hatte er sich «in die Ebene von Bulla» zurückgezogen, um hier in Sicherheit auf Tzazo zu warten und maurische Unterstützer zu versammeln. Dies legt nahe, dass es sich um dieselbe Gegend handelt und nicht um Bulla Regia (Karte 6), das von Karthago aus schnell zu erreichen wäre, sondern um Bulla Mensa, das seinen Namen wohl einem gewaltigen und tatsächlich uneinnehmbaren Tafelberg verdankt, der heute den (historisch falschen) Namen ‹Table de Jugurtha› trägt und dessen Höhenfläche von 80 ha im Laufe der Geschichte schon vielen ‹Outlaws› die Möglichkeit geboten hat, hier monatelang auszuharren. Gelimer könnte zudem die Hoffnung gehabt haben, von hier aus doch noch einmal, vielleicht nach einer vergeblichen Belagerung durch die Byzantiner, maurischen Widerstand organisieren zu können.

Tatsächlich ist es dazu aber nicht gekommen. Als die Byzantiner unter ihrem Kommandeur Pharas heranrückten und glaubten, den Berg sofort stürmen zu können, brachten die Mauren der Umgebung ihnen zwar eine empfindliche Niederlage bei; Pharas ging danach aber kein Risiko mehr ein und schloss den Berg systematisch ein, ohne weiter attackiert zu werden.

Gelimers weicher Sturz. Im April 534, nach dreimonatiger Belagerung, musste Gelimer aufgeben, da er nicht verhungern wollte. Zuvor hatte es einen Briefwechsel mit Pharas gegeben. Berühmt ist Gelimers Bitte (die möglicherweise authentisch ist), ihm doch eine Zitter für ein selbstgedichtetes Trauerlied, ein

Brot und einen Schwamm für seine kranken Augen zu senden. Mit Sicherheit aber ging es um die Übergabebedingungen, und die konnte Pharas nicht gewähren, ohne höheren Orts nachgefragt zu haben. Justinian gab dann feste Zusagen und hielt sie auch ein: Gelimer sollte mit seiner Familie ein Landgut in Galatien (Kleinasien) erhalten, wo er einen geruhsamen Lebensabend verbringen könnte. Gelimer ergab sich daraufhin dem Belisar, der ihn und seine Familie in die Hauptstadt überstellte.

In Konstantinopel feierte Justinian (nicht etwa Belisar, der nur assistierte) wenig später einen großen Triumph im Hippodrom. Sein unerwartet schneller und leichter Erfolg hatte ihn, der sofort den Titel ‹Vandalen- und Alanenbesieger› angenommen hatte, und die Reichszentrale allerdings in doppelter Weise irregeführt, wie später deutlich werden sollte: Man betrachtete den Sieg als Auftakt einer raschen Wiedergewinnung des ganzen Westens – die langen und nicht nur für Italien desaströsen Gotenkriege sollten dann eines Besseren belehren – und glaubte, mit der Verwaltung Africas nun leichtes (und gewinnbringendes) Spiel zu haben; auch hier verliefen die folgenden zehn Jahre ganz anders als erwartet, wie wir gleich sehen werden. Zunächst aber wurde prunkvoll triumphiert, das letzte Mal übrigens in traditionell-römischer Art. Gelimer im Purpurmantel und die anderen vandalischen Gefangenen, aber auch die gezeigten Beutestücke (darunter der bei der Eroberung Jerusalems eroberte jüdische Tempelschatz, den die Vandalen 455 aus dem römischen Kaiserpalast nach Karthago hatten bringen lassen) erregten sicher Aufsehen. Der Kaiser war dann am Ende sogar bereit, dem letzten Vandalenkönig den ehrenvollen Status eines römischen ‹Patricius› zu verleihen, Gelimer wollte jedoch seinen arianischen Glauben nicht aufgeben (Prokop, Vandalenkrieg 2,9,14).

Das Schicksal der letzten Vandalen. Seine Vandalen hatten weniger Glück. Ihr Reich war nach der Flucht des Königs sofort zusammengebrochen, auch in seinen Außenposten. Die überlebenden Krieger wurden in die byzantinische Armee eingereiht und an der persischen Grenze eingesetzt, wo sich ihre Spur verliert. Ihre Frauen blieben in Africa, und wenn sie vandalische Besitztitel hatten, wurden sie nicht selten von byzantinischen Soldaten geheiratet, die so in den Genuss der von Geiserich übereigneten Landgüter gelangen wollten, was 536 sogar zu einer gefährlichen Meuterei führte. Angeheizt wurde diese dadurch, dass einige hundert vandalische Krieger der Gefangennahme entkommen waren und andere während des Transports nach Konstantinopel hatten fliehen können und nach Africa zurückgekehrt waren. Ungefähr 1000 Vandalen spielten nun in den folgenden Jahren eine nicht unbedeutende militärische Rolle in den schweren Turbulenzen, von denen Africa nach dem Weggang Belisars gezeichnet wurde, bevor dann 546 die letzten Kämpfer nach Konstantinopel deportiert wurden.

Haben die Byzantiner Africa befreit? Von der Befreiung eines Landes zu sprechen, setzt voraus, dass seine Bevölkerung eine einigermaßen homogene Haltung zu der Herrschaft hatte, von der sie ‹befreit› wurde. Für das afrikanische Provinzialgebiet, das in den 430er Jahren in die Hände der Vandalen fiel, gilt das nicht. Wenn man die Landbevölkerung betrachtet, muss bezweifelt werden, dass es für sie einen großen Unterschied machte, wem sie ihre Abgaben zu leisten hatte, allerdings mit der Einschränkung, dass im Siedlungsgebiet der Vandalen der religiöse Zwang vielleicht andere Bedingungen schuf. Generell aber waren die Vandalen in dieser Schicht sicher nicht verhasst. Als diese noch hofften, die byzantinischen Invasoren kampflos in Schwierigkeiten zu bringen, lobten sie ein Kopfgeld aus, falls die Bauern jemanden von ihnen beim Fouragieren überraschen könnten, und diese haben fleißig ‹geliefert›.

Etwas anderes war es mit den Städtern. Auch wenn sie ihren Besitz hatten behalten können, werden sie mit Sorge gesehen haben, dass der Raum vandalischer Macht sich immer mehr verkleinerte und die Maurenstämme vordrangen, zumal die Vandalen die Stadtbefestigungen zur eigenen Sicherheit zumindest teilweise zerstört hatten. Bei der alten römischen Elite schließlich wird man unterscheiden müssen zwischen der kleinen Minderheit, die an der Vandalenherrschaft (etwa durch

Dienste für den König) direkt beteiligt war, und den meisten anderen. Für diese dürfte es sich aufs Ganze gesehen sehr wohl negativ ausgewirkt haben, dass ihre Kultur – bisher Zeichen ihrer Macht und ihrer Distinktion – nur noch unter ihresgleichen Relevanz behielt, während bei den Vandalen ein anderes Wertesystem galt. Hinzu kam die konfessionelle Problematik. Im 5. Jahrhundert hatten sich zwischen dem katholischen Klerus und der weltlichen Elite durchaus enge Verbindungen entwickelt. Insgesamt war, namentlich nach dem Scheitern von Hilderichs Kurswechsel, eine klare Trennung zwischen Römern und Vandalen wieder vorgegeben (Seite 104), was nicht dazu beigetragen haben kann, dass Erstere sich zur Verteidigung des *Regnum Vandalorum* besonders aufgerufen fühlten. Die Vandalen wussten das und haben sich entsprechend verhalten, wie ihre Aufgabe Karthagos nach der Niederlage bei Ad Decimum zeigt; ihre Isolation vor der dann folgenden Schlacht bei Tricamarum war kein Zufall (Seite 111 f.). Insgesamt ist der plötzliche und schnelle Einsturz ihrer Herrschaft in wenigen Monaten des Jahres 533 auch mit dieser mangelhaften Integration zu erklären. Von Geiserich war die Separation der Vandalen – aus durchaus nachvollziehbaren Gründen des Machterhalts – noch betrieben worden; mittlerweile jedoch war daraus für sie eine tödliche Gefahr geworden.

Aus der Perspektive ihrer afrikanischen Gegner war dies natürlich eine Chance. Um von einer wirklichen Befreiung sprechen zu können, müsste allerdings auch klar sein, dass sich für sie die Verhältnisse danach entscheidend und schnell besserten. Dies aber war gerade nicht der Fall. Belisars Vorsätze, die Afrikaner samt ihrem Besitz nicht als Beute zu betrachten, sondern als Römer und ehemalige Herren des Landes, denen es nun zurückgewonnen werden sollte, hatten seine Siege nicht überdauert, zumal er selbst bald nach Italien abberufen wurde, um gegen die Ostgoten zu kämpfen. Die byzantinischen Offiziere in Africa und die Reichszentrale brauchten ein quälend langes Jahrzehnt, bis zunächst die Meutereien und dann die verheerenden Maurenaufstände beendet waren; letztere nicht mit purer Militärmacht (obwohl die byzantinischen Forts noch heute die maghrebinische Archäologie der Spätantike prägen), sondern mithilfe der strategischen Unterscheidung zwischen gegnerischen Mauren und für die römische Herrschaft zu gewinnenden, ortsfesten Stämmen. Bis diese Lektion gelernt war, hatte vor allem die alte Oberschicht der Städte die Zeche zu zahlen. Sie hatte auch kulturell einen schweren Stand – die aus dem Osten kommende Macht sprach Griechisch und damit eine andere Sprache, bald auch in theologischer Hinsicht –, vor allem aber verlor sie in dieser Zeit weitgehend ihre wirtschaftliche Basis. Das byzantinische Africa hatte zwar bis zum Beginn der langwierigen arabischen Eroberung des Maghreb im Jahr 646 noch 100 gute Jahre vor sich, gerade die Schicht jedoch, in der man eine Befreiung von den Vandalen erhofft haben mag, haben die Befreier bereits in den Anfangsjahren ihrer Herrschaft zugrunde gerichtet.

10. Vandalen und Vandalismus

Wir haben verschiedene Mythen der Vandalengeschichte kennengelernt, entstanden durch eine komprimierende Perspektive ex post («Der schnelle Siegeszug der Vandalen in Africa»), durch eine glorifizierende oder an historischen Exempeln orientierte moderne Überzeichnung der realen Gegebenheiten («Geiserich als Herrscher über ein Seereich») oder durch eine klug berechnende Selbststilisierung («Die Vandalen als unbesiegbare Herren Africas»). Der größte mit ihrem Namen verbundene Mythos ist aber zweifellos der, durch den sie bis heute überall auf der Welt als Zerstörer geradezu gebrandmarkt sind. Er basiert zwar auf dem spätantiken Gegensatz zwischen Römern und Germanen, hat aber, wie wir bereits gesehen haben, mit der zeitgenössischen Realität nichts zu tun. Er ist als Kind europäischer Protonationalismen eine Fiktion und das typische Produkt einer historisierenden Argumentation. Dass dabei nicht von der Sache, also von den Vandalen in ihrer Zeit, ausgegangen, sondern vor allem auf das gewünschte ideologische Ergebnis gezielt wurde, zeigt eine einfache Beobachtung: Noch heute möchte niemand zu den Vandalen gehören (kürzlich haben sich sogar die Bewohner des französischen Dorfes Vantoux umbenannt, um nicht in ihre Nähe gerückt zu werden), und doch scheint es unmöglich zu sein, den Vandalismus-Vorwurf zu präzisieren. ‹Vandalen sind Zerstörer›, soviel ist klar, aber aus welchem Motiv handeln sie? Die Bandbreite reicht hier von Langeweile über Wut, Provokation und aggressive Selbstdarstellung bis hin zu ideologischen Botschaften mit ganz unterschiedlichen Grundierungen.

Diese die historischen Vandalen tatsächlich entlastende Vielfalt ist kein Produkt der Gegenwart; sie gehört zum Vandalismus-Begriff seit seiner Entstehung in der Epoche der Französischen Revolution. Erstaunlich und wenig beachtet bei seinem weltweiten Siegeszug ist die Schnelligkeit, mit der er seinen ursprünglichen Kontext, den «Kulturkampf» von Römern und Germanen bzw. Barbaren, verlassen hat und zum multifunktionalen Schimpfwort wurde. Die kollektive Empörung über zerstörerisches Handeln – meist natürlich der Gegenseite – erfordert (und dies seit dem späten 18. Jahrhundert!) offenbar eine Vokabel vollständiger Abwertung, die wegen ihrer historischen Farbe scheinbar prägnant, in Wirklichkeit aber in ganz verschiedene Richtungen ausdeutbar ist. Voraussetzung dafür war also gerade die Enthistorisierung des Begriffs. In der europäischen Renaissance standen die Vandalen noch zusammen mit anderen Germanenstämmen (meist den Goten) für den Kampf gegen das Imperium Romanum, den man, wie wir gesehen haben (Seite 8), auch nach tausend Jahren noch auf verschiedenen Seiten der Front weiterführen konnte: als Nachfolger (oder gar Nachfahren) entweder der römischen Verteidiger gegen barbarische Einfälle oder der «neuen» Völker, die ihr historisches Recht gegen ein erstarrtes und dekadentes System durchsetzen mussten.

Dann aber kam es im Jahr 1794 zu einer Begriffsprägung, die den Vandalen bis heute eine zweifelhafte Prominenz sichert. Henri Baptiste Grégoire, Bischof von Blois der «konstitutionellen Kirche» und prominenter Politiker während der Französischen Revolution, veröffentlichte einen «Rapport sur les destructions opérées par le vandalisme». Er prangerte darin Gewalttaten und Zerstörungen radikaler Jakobiner und besonders die Zerstörung christlicher Kunst durch die Sansculotten an; es ging also um eine Auseinandersetzung innerhalb der Revolutionäre. Damit war insofern ein ganz neues Kapitel der vandalischen Rezeptionsgeschichte begonnen, als das Abstraktum ‹Vandalismus› plötzlich vollständig entnationalisiert war. Es ging nicht mehr um irgendeinen negativen Volkscharakter, sondern nur noch um die vollständige Ablehnung bestimmter Verhaltensweisen. Der Begriff hat dann sofort Karriere gemacht, über alle nationalen Grenzen hinweg.

Grégoire hatte die Vandalen nicht zufällig ausgewählt. Ihres äußerst schlechten Leumundes in Frankreich und in allen romanischen Ländern – und damit des Erfolgs seiner Wortschöpfung – konnte er sicher sein; diesen ‹Verruf› aber teilten sie mit anderen Gentes. Was sie auszeichnete, war ihr fast vollständiger Untergang. Fast niemand in der Moderne berief sich mehr auf sie, wenn man einmal vom schwedischen Königstitel absieht, in den sie (bis 1973) durch ein mittelalterliches Missverständnis («Vandalen = Wenden», womit generell Slaven gemeint waren) geraten waren. Die meisten anderen Stämme lebten dagegen in vielfältiger Weise weiter, man denke etwa an die «gotischen» Kathedralen. Insofern boten sich die Vandalen als Sündenbock aller Kulturzerstörungen geradezu an, wobei der Abbé sehr wohl wusste, dass er damit ein ganzes ‹Volk› in Misskredit brachte; später, als es leise Gegenstimmen gab, bedauerte er dies. Aber dafür war es zu spät. Der letzte Mythos der Vandalen erwies (und erweist) sich als der langlebigste.

Seinen Ursprung hatte er sicher in jenen zwei Wochen, in denen die Vandalen 455 Rom plünderten. Dass dies vor und nach ihnen auch andere antike Eroberer der ‹ewigen Stadt› getan haben und dass sie damals gegenüber den Monumenten und Kunstwerken ein Verhalten an den Tag legten, das zwar zerstörerisch war, jedoch zu keiner einzigen der oben genannten – wahrlich breitgefächerten – bekannten Motivationen von Vandalismus passt (es ging Geiserich ja um eine ökonomische und politische Schwächung des Gegners, der letztlich dadurch gewonnen werden sollte), wird ihnen nichts mehr nutzen. Immerhin bleibt ihr Name auf diese Weise lebendig, und die Unterscheidung zwischen Mythos und Geschichte ist nicht die schlechteste Motivation für die Beschäftigung mit ‹frühen Völkern›.

Zeittafel

406	Alanen, Sueben und Vandalen überqueren am Jahresende den Rhein und fallen in Gallien ein
409	Alanen, Sueben und Vandalen überqueren die Pyrenäen
412	Aufteilung Hispaniens unter diesen Gentes (Karte 3)
416/417	Die Westgoten attackieren (in römischem Dienst) mit Erfolg Alanen und silingische Vandalen in Hispanien
422	Die hasdingischen Vandalen behaupten sich in Andalusien
425	Die Vandalen beginnen Plünderungs- und Erkundungsfahrten
428–477	Kg. Geiserich (folgt seinem Halbbruder Gunthamund)
429	80 000 Vandalen überqueren im Mai die Straße von Gibraltar
430	General Bonifatius muss sich im Juni nach Hippo Regius zurückziehen, das 14 Monate lang belagert wird
431	General Aspar kommt Bonifatius mit oström. Truppen zuhilfe; beide können die Vandalen aber nicht besiegen
435	Ravenna schließt einen Vertrag mit den Vandalen, die in Numidien Siedlungsland erhalten (Karte 4)
439	Die Vandalen nehmen Karthago ein (19. Okt.).
442	Ravenna schließt mit Geiserich einen Vertrag: er erhält ein unabhängiges Königreich mit den Kerngebieten Africas (Karte 5)
455	Geiserich erobert Rom; 14-tägige Plünderung
456	Beginn der Angriffe der Vandalen auf süditalische Küsten
460	Ks. Maiorianus' Angriff auf die Vandalen scheitert in Hispanien
468	Der oström. General Basiliskos scheitert mit seiner Flotte vor Karthago
474	Der oström. Ks. Zenon schließt einen Frieden, der den Vandalen Africa und ihre Besitzungen im westl. Mittelmeer garantiert
477–484	Kg. Hunerich
481	Hunerich beginnt kirchenpolitische Kampfmaßnahmen
484–496	Kg. Gunthamund
496–523	Kg. Thrasamund
500	Thrasamund heiratet Amalafrida, die Schwester Theoderichs
511	Thrasamund unterstützt vergeblich Gesalech, den von Theoderich d. Großen gestürzten Kg. der Westgoten
523–530	Kg. Hilderich
529/530	Hilderichs Armee wird von Mauren geschlagen; er wird entmachtet
530–534	Kg. Gelimer
533	General Belisar landet mit einer oström. Invasionsarmee, die im Sept. siegreich in Karthago einzieht und im Dez. Gelimer bei Tricamarum schlägt (Karte 6); die meisten Vandalen werden deportiert
534	Gelimer, eingeschlossen auf den Berg Papua, ergibt sich. Er wird mit seiner Familie nach Konstantinopel gebracht und begnadigt

Bibliographisches

Quellentexte

Anthologia Latina: W. Fels (Hg.), *Anthologia Latina* mit den Vergil-Centonen. Stuttgart 2014 (mit Kommentar und deutscher Übersetzung).

Cassiodor, *Variae*: A. Giardina et al. (Hg.), Le Variae di Cassiodoro. III–X, 3 Bde. Roma 2014–2016 (mit Kommentar und italienischer Übersetzung).

Dracontius, *Romulea*: J. Bouquet (Hg.), Dracontius: Poèmes profanes I–V, Paris 1995; E. Wolff (Hg.), Poèmes profanes VI–X. Paris 1996 (mit Kommentar und französischer Übersetzung).

Fulgentius, *Mytheninterpretationen*: E. Wolff, Ph. Dain (Hg.), Fulgence: Mythologies. Villeneuve d'Ascq 2013 (mit Kommentar und französischer Übersetzung).

Fulgentius von Ruspe: Selected works, translated by R. B. Eno. Washington 1997.

Hydatius, *Chronik*: A. Tranoy (Hg.), Hydace, Chronique, 2 Bde. Paris 1976 (mit Kommentar und französischer Übersetzung).

Jordanes, *Die Gotengeschichte*: übersetzt, eingeleitet und erläutert von L. Möller. Wiesbaden 2012.

Orosius: M.-P. Arnaud-Lindet (Hg.), Orosius, *Historia adversum paganos*, 3 Bde. Paris 1990–1991 (mit Kommentar und französischer Übersetzung).

Prokop von Caesarea, *Vandalenkrieg*; *Gotenkrieg*: O. Veh (Hg.), Prokop, Werke II, IV (griechisch – deutsch). München 1971, ^{2}1978.

Prosper Tiro, Chronik: M. Becker, J.-M. Kötter (Hg.), Prosper Tiro Chronik – *Laterculus regum Vandalorum et Alanorum*. Paderborn 2016 (mit Kommentar und deutscher Übersetzung).

Salvian von Marseille, *Die Weltregierung Gottes*: I. Lagarrigue (Hg.), De gubernatione dei; 2 Bde. Paris 1971, 1975 (mit Kommentar und französischer Übersetzung).

Victor von Vita: K. Vössing (Hg.), *Historia Persecutiones Africanae Provinciae*. Darmstadt 2011 (mit Kommentar und deutscher Übersetzung).

Vita Fulgentii: G. G. Lapeyre (Hg.), Vita Fulgentii. Paris 1929 (mit Kommentar und französischer Übersetzung).

Literaturhinweise

L'Afrique vandale et byzantine, 2 Bde. (Kolloquien, Tunis 2000 und Paris 2001), in: Antiquité Tardive. Revue Internationale d'Histoire et d'Archéologie 10 (2002) und 11 (2003).

Arce, J., Bárbaros y Romanos en Hispania (400–507 A.D.). Madrid 2. Aufl. 2007.

Bleckmann, B., Die Germanen. Von Ariovist bis zu den Wikingern. München 2009.

Castritius, H., Wandalen, in: Reallexikon der Germanischen Altertumskunde 33, 2006, 168–209.

Ders., Die Vandalen. Stuttgart 2007.

Clover, F.M., Genseric the Statesman. A Study of Vandal Foreign Policy, Diss. Chicago 1966.
Ders., The Late Roman West and the Vandals. Aldershot 1993.
Conant, J., Staying Roman. Conquest and Identity in Africa and the Mediterranean, 439–700. Cambridge 2012.
Courtois, Chr., Les Vandales et l'Afrique. Paris 1955.
Diesner, H.-J., Das Vandalenreich. Aufstieg und Untergang. Stuttgart u.a. 1966.
Eger, Chr., Spätantikes Kleidungszubehör aus Nordafrika I. Trägerkreis, Mobilität und Ethnos im Spiegel der Funde. Wiesbaden 2012.
Francovich Onesti, N., I Vandali. Lingua e storia. Roma 2002.
Hattler. C. (Hg.), Das Königreich der Vandalen. Mainz 2009 (Ausstellungskatalog, Badisches Landesmuseum Karlsruhe).
Leppin. H., Justinian. Das christliche Experiment. Stuttgart 2011.
Liebeschuetz, J.H.W.G., Gens into Regnum: The Vandals, in: H.-W. Goetz et al. (Hg.), Regna and Gentes. Leiden u. a. 2003, 55–83.
Meier, M., Die «Völkerwanderung», in: Aus Politik und Zeitgeschichte 26/7 (2016), 3–10.
Merrills, A.H./R. Miles, The Vandals. Malden/Oxford 2010.
Modéran, Y. Les Maures et l'Afrique romaine (IVe–VIIe siècle). Rome 2003.
Ders., Les Vandales et l'Empire romain; hg. von M.-Y. Perrin. Paris 2014.
Papencordt, F., Geschichte der vandalischen Herrschaft in Afrika. Berlin 1837.
Pohl, W., Die Völkerwanderung. Stuttgart, 2. Aufl. 2005.
Rosen, K., Die Völkerwanderung. München, 2. Aufl. 2003.
Rummel, Ph. v., Habitus barbarus. Kleidung und Repräsentation spätantiker Eliten im 4. und 5. Jahrhundert. Berlin 2007.
Schmidt, L., Die Wandalen, Dresden 1901. München, 2. Aufl. 1942.
Steinacher, R., Die Vandalen. Aufstieg und Fall eines Barbarenreichs. Stuttgart 2016.
Vössing, K., Das Königreich der Vandalen. Geiserichs Herrschaft und Imperium Romanum. Darmstadt 2014.
Ders., Vandalen und Goten. Die schwierigen Beziehungen ihrer Königreiche, in: E. Wolff (Hg.): Littérature, politique et religion en Afrique vandale. Paris 2015, 11–37.
Ders., Gelimer und das Ende des Vandalenreiches, in: B. M. Gauly et al. (Hg.), Dialoge mit dem Altertum. Heidelberg 2018.
Wenskus, R., Stammesbildung und Verfassung. Das Werden der frühmittelalterlichen gentes. Köln u.a. 1961, 2. Aufl. 1977.
Wolfram, H., Die Goten. Von den Anfängen bis zur Mitte des sechsten Jahrhunderts. München 1979, 5. Aufl. 2009.

Register

Karten und Abbildungen